CB129127

Orações poderosas *para* MÃES

FERN NICHOLS

com Stephen e Amanda Sorenson

Orações poderosas *para* MÃES

O poder transformador da intercessão na vida de seus filhos

THOMAS NELSON
BRASIL®

Rio de Janeiro, 2015

Título original: *Mom's Little Book of Powerful Prayers*
Copyright © 2014 by Fern Nichols

Edição original em associação com Thomas Nelson, uma divisão da HarperCollins Christian Publising, Inc. Todos os direitos reservados.
Copyright da tradução © Vida Melhor Editora S.A., 2015

PUBLISHER	*Omar de Souza*
EDITORES	*Aldo Menezes e Samuel Coto*
COORDENADORA DE PRODUÇÃO	*Thalita Aragão Ramalho*
PRODUÇÃO EDITORIAL	*Anna Beatriz Seilhe e Luiz Werneck*
TRADUÇÃO	*Inês Estrada*
REVISÃO DE TRADUÇÃO	*Clarisse Cintra*
REVISÃO	*Mariana Moura e Marina Sant'ana*
PROJETO GRÁFICO E DIAGRAMAÇÃO	*Carmen Beatriz Silva José*
CAPA	*Júlio Moreira*

As citações bíblicas são da *Nova Versão Internacional* (NVI), da Biblica, Inc., a menos que seja especificada outra versão da Bíblia Sagrada.

CIP-BRASIL. CATALOGAÇÃO NA PUBLICAÇÃO
SINDICATO NACIONAL DOS EDITORES DE LIVROS, RJ

N519o Nichols, Fern

Orações poderosas para mães: O poder transformador da intercessão na vida de seus filhos / Fern com Stephen e Amanda Sorenson ; tradução Inês Estrada. - 1. ed. - Rio de Janeiro : Thomas Nelson Brasil, 2015.
224p.

Tradução de: Mom's Little Book of Power Prayers
ISBN 978-85-7860-609-1

1. Maternidade. 2. Mães - Vida religiosa. 3. Crianças - Formação - Aspectos religiosos. 4. Mãe e filhos - Aspectos religiosos I. Sorenson, Stephen. II. Sorenson, Amanda, 1953 III. Título

CDD: 248.8431
CDU: 2-457

Thomas Nelson Brasil é uma marca licenciada
à Vida Melhor Editora S.A.
Todos os direitos reservados à Vida Melhor Editora S.A.
Rua Nova Jerusalém, 345 – Bonsucesso
Rio de Janeiro – RJ – CEP 21042-235
Tel.: (21) 3882-8200 – Fax: (21) 3882-8212 / 3882-8313
www.thomasnelson.com.br

Sumário

Ao meu fiel e amoroso Pai, que com imensa paciência continua a me ensinar a orar.

À minha filha, Trisha, e às minhas noras e três filhas do coração, Patti, Bonnie e Tara, que conhecem o poder de Deus por meio da oração pessoal ou em grupo.

Que grande alegria para este coração de avó saber que vocês estão orando diariamente por meus netos.

Sou extremamente grata a Deus por vocês seguirem as orações daqueles que vieram antes.

Carta às mamães

Queridas mamães, sei que não é fácil educar os filhos hoje em dia. São muitas as influências e ideias que tentam se entranhar no coração das crianças. Tenho quatro filhos casados e oito netos, e é grande minha preocupação com seu bem-estar espiritual, emocional, intelectual, relacional e físico. Acolho com prazer o convite de Jesus: "Venham a mim, todos os que estão cansados e sobrecarregados, e eu lhes darei descanso" (Mateus 11:28). É uma promessa que me dá alegria e com a qual posso contar. A oportunidade de conversar sobre essas preocupações com meu Pai celestial me dá esperança quando me sinto desesperançada, paz quando estou temerosa e sabedoria quando não sei o que fazer. É por isso que estou compartilhando este livro de orações com vocês. Senti o amor de um Deus fiel, que ouve e responde às minhas orações, e gostaria que vocês tivessem essa experiência também.

Não há nada — absolutamente nada — que nos preocupe e não importe a Deus. Nossas preocupações são suas preocupações, e ele diz: "e clame a mim no dia da angústia; eu o livrarei, e você me honrará" (Salmos 50:15). Nada é pequeno demais ou grande demais para ser compartilhado com Deus na oração. Podemos orar por todas as necessidades dos nossos filhos.

Ao colocarmos as necessidades deles nas mãos de Deus por meio da oração, estamos invocando sua intervenção, sua benção e proteção. Assim, a oração não só é uma dádiva maravilhosa para nossos filhos, como também um poderoso antídoto para os temores e as preocupações da maternidade. Estou ansiosa para que vocês iniciem essa jornada para interceder por seus filhos, interpondo-se e orando pelas necessidades deles. Sei que essas pequenas orações têm o poder de mudar sua vida e a vida deles.

As orações deste livro seguem um padrão específico, começando com a Escritura escolhida para cada necessidade. A Escritura é o que torna as orações tão poderosas. Quando oramos com as palavras de Deus, é ao coração dele que falamos. Quando colocamos os nomes de nossos filhos na Escritura, estamos pedindo a Deus por eles. Agradeço por saber que posso confiar na Palavra de Deus: "Pois nada é impossível para Deus" (Lucas 1:37).

Estas orações também incluem louvor, confissão e agradecimento, que são importantes para preparar nosso coração para interceder por nossos filhos. O louvor focaliza nossa atenção em um dos atributos de Deus. Ajuda-nos a ampliar nossa visão de quem é Deus, o que nos leva a uma confiança ainda maior no Deus que conhecemos. A confissão ajuda-nos a ter consciência de qualquer pecado capaz de bloquear nossa comunicação com Deus e nos faz lembrar que devemos ser um exemplo da virtude que pedimos para nossos filhos e que, qualquer que seja a fraqueza que queiramos que eles vençam, também precisamos de ajuda de Deus para vencer nossas próprias fraquezas. O agradecimento abre nossos corações para enaltecer o Senhor por tudo o que ele fez e por tudo que fará.

Vocês verão que essas orações, por se basearem nas verdades eternas da Escritura, são adequadas a todas as idades e etapas — a crianças pequenas, adolescentes e até mesmo aos filhos adultos. Para simplificar, escrevi cada oração de modo a servir para meninos e meninas, mas praticamente todas são apropriadas para ambos os sexos, portanto orem conforme a identidade do seu filho. Como os tempos de hoje trazem desafios ímpares, raramente enfrentados pelas gerações anteriores, incluí orações referentes a tópicos ou questões contemporâneas, como imagem do corpo, mídia social, doença mental e divórcio, para citar apenas alguns. Independentemente do que vocês ou seus filhos estiverem enfrentando, estejam certas de que a Palavra de Deus abordará o problema e trará o desejado consolo e discernimento.

Sintam-se à vontade para usar essas orações em sequência, como aparecem no livro, ou recorram ao índice para escolher aquelas que atendam à necessidade de seus filhos no momento. Seja como for, aconselho que orem com calma. Resistam à tentação de orar apressadamente. Deixem que o Espírito de Deus modele seu coração como ele desejar enquanto você o louva, confessa seus pecados e lhe agradece. Que estas orações sejam um trampolim para uma jornada perpétua de orações intercessoras por seus filhos. E que inspirem outras orações para muitas outras necessidades — não apenas de seu filho, mas de toda essa geração de crianças.

Oro por vocês, mamães preciosas, para que estas orações estimulem um relacionamento mais próximo, mais íntimo e mais amoroso com seu Pai celestial. Vocês são suas filhas queridas, e ele anseia por ouvir sua voz. Quer Deus diga sim, não ou espere, ele não deixará de ouvi-las e de responder às suas orações.

Tenham certeza de que suas orações são poderosas e eficazes, e que fazem diferença. Vocês nunca lamentarão o tempo investido na oração. Orar é um legado que vocês podem passar a seus filhos e que durará para sempre.

Que Deus as abençoe e a seus filhos.

Fern

Como saber que Deus ouvirá nossas orações

Assim como a mãe reconhece a voz do próprio filho, nosso Pai celestial reconhece a voz de cada um de seus filhos. Se você tem uma pergunta ou uma dúvida quanto à sua relação pessoal com Deus, vou mostrar como ter certeza de que ele é seu Pai.

Há uma verdade imutável com a qual se pode contar: Deus ama você pessoalmente! Com seu grande amor, ele deu ao mundo seu maior tesouro — seu único filho, Jesus Cristo. Ele morreu na cruz em nosso lugar em pagamento de nossos pecados e dos pecados do mundo inteiro. Em razão de sua morte e ressurreição, você pode sentir o indescritível amor de Deus, agora e por toda a eternidade.

Não importa aonde seus pecados a levaram, o perdão de Deus é perfeito e completo em razão do sacrifício de Jesus. Você dará o primeiro passo para a fé reconhecendo que precisa de perdão para seus pecados e acreditando que Jesus morreu por você? Ao pedir seu perdão e aceitá-lo como seu Salvador e Senhor, você nunca mais será a mesma. Ele substituirá sua solidão, seus temores, frustrações e culpa pelo amor e perdão que lhe dará. E também prometerá ouvir suas orações e atendê-las com todo o prazer que um pai terrestre atende aos desejos de um filho querido.

Faça da seguinte oração a primeira e mais importante oração de sua vida:

> Querido Pai, agradeço-te por mandares teu Filho morrer por meus pecados. Quero ser tua filha. Por favor, entra no meu coração e perdoa todos os meus pecados. Quero viver somente por ti. Agradeço por fazeres de meu coração a tua casa. Em nome de Jesus, amém.

Ao fazer essa oração, você se tornará um membro da família de Deus, que promete: "Contudo, aos que o receberam, aos que creram em seu nome, deu-lhes o direito de se tornarem filhos de Deus" (João 1:12). Você é filha dele! Pode estar certa de que Deus ouvirá e atenderá às suas orações.

Bem-vinda à família de Deus!

Orações

1

Para que meu filho receba de Deus a dádiva da salvação

Porque Deus tanto amou o mundo que deu o seu Filho Unigênito, para que todo o que nele crer não pereça, mas tenha a vida eterna.

(João 3:16)

Louvar a Deus: Porque ele é amor.

Confessar: Qualquer tendência a duvidar do amor de Deus por mim ou por meus filhos.

Agradecer: Por me amar com amor imutável, incondicional, sem limites.

Pedir a Deus: Amado Pai celestial, oro para que meu filho creia nesta verdade: Deus amou tanto o mundo que deu seu único filho a fim de que aquele que acreditar nele tenha vida eterna. Oro para que, em tua grande misericórdia, aproximes meu filho de teu coração a fim de que ele sinta teu amor incondicional e compreenda que é um pecador que necessita de um Salvador. Revela a ele que tu o amas tanto que tornaste possível o perdão de seus pecados por meio do sangue derramado por Cristo na cruz. Abre seus olhos espirituais para que ele veja teu amor maravilhoso. Peço que ele se arrependa de seus pecados e peço que entres no seu coração. Imploro-te, Pai, que salves meu filho para ele te amar e te servir fielmente todos os dias de sua vida. Que ele conheça o perdão completo — saber que é parte de tua família eterna — e saiba que teu amor nunca lhe será retirado. Em nome de meu amado Jesus, eu te peço, amém.

Lembrar: Deus mostrou seu perfeito amor ao enviar Jesus, nosso Salvador, para morrer por nós.

2

Criado unicamente para fazer boas coisas

Porque somos criação de Deus realizada em Cristo Jesus para fazermos boas obras, as quais Deus preparou de antemão para que nós as praticássemos.

(Efésios 2:10)

Louvar a Deus: Que é nosso criador.

Confessar: Qualquer desapreço pelas pessoas únicas criadas por Deus como meus filhos.

Agradecer: Que Deus nos tenha criado novamente em Cristo para podermos realizar as boas coisas que ele planejou.

Pedir a Deus: Ó Deus Criador, peço-te que minha filha compreenda que ela é tua obra-prima, criada novamente em Jesus Cristo para poder fazer as boas coisas que planejaste para ela há muito tempo. Ó Pai, tu jamais cometeste erros — nem um. Que minha preciosa filha reconheça que tu a fizeste maravilhosamente perfeita. Que ela se alegre com os dons, as capacidades e os talentos com que a dotaste especialmente. Ela é de fato tua obra-prima. Oro para que não se compare com ninguém, não se esforce por imitar ninguém nem tente fazer o que outra pessoa faz. Não há ninguém que te possa glorificar da mesma forma que ela. Por favor, dá-me sabedoria para cumprir meu papel, encorajando-a a ser quem ela é em Cristo e ajudando-a a desenvolver os dons e talentos que lhe deste. Em nome de Jesus, amém.

Lembrar: Deus, nosso Pai, é nosso criador perfeito e amoroso.

3

Amor: o fruto do espírito de Deus

Mas o fruto do Espírito é amor, alegria, paz, paciência, amabilidade, bondade, fidelidade.

(Gálatas 5:22)

Louvar a Deus: Por seu amor imensurável.

Confessar: Qualquer resistência ao trabalho do Espírito Santo em minha vida ou falta de verdadeiro amor em meus relacionamentos.

Agradecer: Ao Espírito Santo, que trabalha incansavelmente para reproduzir o amor de Deus em nós.

Pedir a Deus: Deus eterno e amoroso, peço que o Espírito Santo oriente a vida de meu filho, produzindo o fruto do amor. Imploro que reveles teu amor incondicional por ele — o amor altruísta, que não hesita diante do sacrifício, mostrado por Cristo na cruz, quando ele perdoou os pecados do mundo. Que reproduzas teu amor na vida de meu filho, concedendo-lhe, por intermédio de teu Espírito Santo, a capacidade de amar o que não é amável, de ser bom e gentil, de ser desprendido e generoso. Quando entrarem em sua vida pessoas que o importunam e irritam, ou dizem coisas desagradáveis para ou sobre ele, que peça imediatamente tua ajuda para amá-las como ama a si próprio. Pelo poder do Espírito Santo que nele habita, que cultive o fruto do amor em sua vida para que os outros possam perceber que ele pertence a ti. Em nome de Jesus, amém.

Lembrar: Deus é o perfeito amor.

4

Sentir o perdão de Deus

Nele [Jesus] temos a redenção por meio de seu sangue, o perdão dos pecados, de acordo com as riquezas da graça de Deus.

(Efésios 1:7)

Louvar a Deus: Pois ele é nosso Deus que perdoa.

Confessar: Qualquer relutância em buscar perdão ou qualquer desconfiança do perdão de Deus.

Agradecer: A clemência do coração de Deus e o sangue de Jesus, que lava nossos pecados e nos liberta da culpa do pecado.

Pedir a Deus: Meu Deus perdoador, peço que em Jesus minha filha obtenha a redenção por intermédio do sangue dele, o perdão dos pecados. Oro para que ela não hesite em chegar a ti pela confissão e pelo arrependimento. Que compreenda que esse perdão é imediato e completo — mesmo que não o mereça. Toca o coração dela para que compreenda que teu amor incondicional perdoa totalmente. Que ela encontre consolo na segurança de que teu perdão ilimitado não deixa a marca de seus pecados passados. Em nome de Jesus, amém.

Lembrar: Deus é misericordioso, paciente e fiel em seu perdão.

5

Autoestima para um filho de Deus

Contudo, aos que o receberam, aos que creram em seu nome, deu-lhes o direito de se tornarem filhos de Deus.

(João 1:12)

Louvar a Deus: Por ele ser nosso Pai amoroso.

Confessar: Qualquer dúvida remanescente de que Deus me ame ou que eu seja sua preciosa filha.

Agradecer: Que pelo sangue de Jesus Deus me tenha sido dado o direito de me tornar sua filha.

Pedir a Deus: Ó Aba, Pai, por tua graça atraíste minha filha para teu coração e lhe deste o direito de tornar-se tua filha, acreditando no teu nome e recebendo-te. Por tua graça, ajuda-a a compreender o que realmente significa ser tua filha: que ela é muito amada eternamente; que é teu especial tesouro; que a declaraste perfeita, preciosa e honrada diante de ti; que tu te regozijas ao ouvi-la cantar; que teus planos e objetivos para a vida dela são muito bons. Ó Pai, dá-me a graça de ajudá-la a viver confiante de que tu a vês assim — uma filha muito prezada do Rei — e que não busque a aprovação ou aceitação de outros para construir sua autoestima. Ajuda-me a ser mais objetiva ao lembrar-lhe do quanto ela é valorizada também aos meus olhos. Em nome de Jesus, amém.

Lembrar: Deus é nosso Pai amoroso, que anseia por chamar-nos para junto de si.

6

Confiar que Deus é um refúgio

O SENHOR é bom, um refúgio em tempos de angústia. Ele protege os que nele confiam.

(Naum 1:7)

Louvar a Deus: Porque ele é nosso refúgio.

Confessar: Qualquer tendência a permitir que incertezas e problemas dominem minha mente e me levem a duvidar da bondade de Deus.

Agradecer: A Deus, meu refúgio, que é sempre bom e expressa a sua bondade por meio de tantas formas de amor.

Pedir a Deus: Ó Deus, meu refúgio, oro para que minha filha creia que tu és bom e um refúgio em tempos difíceis. Que compreenda que tu cuidas daqueles que confiam em ti. Ela está passando por dificuldades e tenta resolver os problemas por conta própria. Oro para que ela não tema renunciar a esse controle e confie aos teus cuidados os desejos, anseios e expectativas de seu coração perturbado. Ajuda-a a crer na tua promessa de que embora a situação pareça difícil tudo ocorrerá para seu bem. Por favor, restaura sua alegria quando ela buscar refúgio na promessa de que é amada por ti. Em nome de Jesus, amém.

Lembrar: Mesmo quando estamos em crise, podemos confiar que Deus é nosso refúgio.

7

Confiando que Deus ouve e atende a nossas orações

> *Esta é a confiança que temos ao nos aproximarmos de Deus: se pedirmos alguma coisa de acordo com a sua vontade, ele nos ouve. E se sabemos que ele nos ouve em tudo o que pedimos, sabemos que temos o que dele pedimos.*
>
> (1João 5:14-15)

Louvar a Deus: Que nos ouve.

Confessar: A arrogância ao me manter no meu próprio caminho, em vez de, com humildade, buscar Deus e sua vontade na minha vida.

Agradecer: Por Deus nos ouvir e por sua fidelidade em atender às nossas preces.

Pedir a Deus: Ó Pai, que nos escutas, peço-te que coloques no coração de meu filho a confiança para aproximar-se de ti: que quando ele pedir alguma coisa conforme tua vontade, o atendas. E que ele, ao saber que tu o ouves — seja o que peça —, saiba também que seu pedido será atendido. Fortalece a sua fé e constrói nele uma crença firme na tua promessa de que, pelo fato de ser teu filho, poderá aproximar-se de ti com toda a confiança. Peço que tuas palavras permaneçam vivas em meu filho para que ele peça segundo a tua vontade. Dá-lhe paciência enquanto ele aguarda a tua resposta. Em nome de Jesus, amém.

Lembrar: Que Deus ouve e atende às nossas preces, mantendo fielmente todas as suas promessas.

8

Escolhendo confiar no plano de Deus

"Porque sou eu que conheço os planos que tenho para vocês", diz o Senhor, "planos de fazê-los prosperar e não de lhes causar dano, planos de dar-lhes esperança e um futuro".

(Jeremias 29:11)

Louvar a Deus: Que é soberano.

Confessar: Toda vez que as circunstâncias ultrapassarem minhas forças, levando-me a duvidar e a perder a esperança no bom trabalho que Deus está fazendo na minha vida.

Agradecer: Pois os planos soberanos de Deus não podem ser frustrados por nenhum poder, pessoa ou circunstância.

Pedir a Deus: Ó Senhor soberano, dirigente abençoado de todas as coisas, oro para que meu filho possa conhecer os planos que tens para ele; planos para fazê-lo prosperar e não para prejudicá-lo, planos para lhe dar esperança e um futuro. Que essa verdade possa conquistar a confiança dele e dar-lhe paz por intermédio da jornada de sua vida. Peço que lhe garantas uma convicção clara de teu amor incondicional, pois determinaste pessoalmente cada dia da sua vida antes que ele começasse a respirar. Ó Senhor, que ele possa viver diariamente segundo teu plano soberano, confiando em ti sem hesitação. Em nome de Jesus, amém.

Lembrar: Deus é soberano e nos dá esperança para o futuro.

9

Sentir-se encorajado pela presença positiva de Deus

Mas tu, SENHOR, és o escudo que me protege; és a minha glória e me fazes andar de cabeça erguida.

(*Salmos 3:3*)

Louvar a Deus: Ele é nosso escudo protetor.

Confessar: Alguma falta de foco na fidelidade de Deus que leve a sentimentos de ser consumido ou derrotado pelas circunstâncias da vida.

Agradecer: Pelas vezes em que senti o escudo protetor de Deus em torno de mim e de minha família.

Pedir a Deus: Ó Escudo Divino, oro para que sejas um escudo para meu filho. Concede-lhe glória e faze com que ele mantenha a cabeça erguida. Por favor, fica ao seu lado pelo poder do Espírito Santo e muda o "não posso" dele para "eu posso". Que ele encontre a esperança e a coragem por intermédio da tua Palavra. Peço que, mesmo quando ele se sentir vulnerável ou temeroso, tu reveles a tua presença como um escudo protetor em torno dele. Que ele saiba que cada dia é cheio de esperança graças a seu Deus fiel. Se baixar a cabeça por causa de seus pecados, rogo que ele seja humilde e peça perdão. Oro para que ele sinta o teu toque fiel erguendo-lhe a cabeça mais uma vez. Em nome de Jesus, amém.

Lembrar: Deus todo-poderoso é nosso escudo, salvador e libertador.

10

Força para prosseguir com retidão

Que ele fortaleça os seus corações para serem irrepreensíveis em santidade diante de nosso Deus e Pai, na vinda de nosso Senhor Jesus com todos os seus santos.

(1 Tessalonicenses 3:13)

Louvar a Deus: Porque ele é justo.

Confessar: Toda vez que seu coração buscou coisas não pertinentes à presença sagrada de Deus.

Agradecer: Por Deus ser justo e fiel ao velar por nós em tudo o que fazemos.

Pedir a Deus: Ó sublime Pai e Deus, peço-te que fortaleças o coração de meu filho para que ele se apresente irrepreensível e santo na tua presença quando o Senhor Jesus chegar com toda a sua corte sagrada. Preenche meu filho com o Espírito Santo para que ele tenha fome e sede de justiça. Peço que ele só queira proferir palavras e executar ações de forma justa, verdadeira, honrada, pura e agradável para ti. Rogo que ele caminhe sem culpa diante de ti por toda a vida, trazendo-te glória. Pelo nome poderoso de Jesus, amém.

Lembrar: Deus, nosso Pai, é perfeito e santo em justiça.

11

Buscando as virtudes divinas

Você, porém, homem de Deus, fuja de tudo isso e busque a justiça, a piedade, a fé, o amor, a perseverança e a mansidão. Combata o bom combate da fé. Tome posse da vida eterna, para a qual você foi chamado e fez a boa confissão na presença de muitas testemunhas.

(1Timóteo 6:11-12)

Louvar a Deus: Porque ele é puro.

Confessar: Qualquer falta de presteza em seguir a retidão e a fé às quais Deus me convoca.

Agradecer: Por nosso Deus puro, que nos dá tudo de que precisamos para travar o bom combate da fé.

Pedir a Deus: Ó Deus puro, rogo que meu filho siga a retidão, a bondade, a fé, o amor, a ternura para que possa travar o bom combate da fé. Que seu caminho seja fortalecido pelo estudo de tua Palavra e que ele possa manter isso como padrão em sua vida. Pelo poder de tua Palavra, prepara-o para ser um valente guerreiro da fé. Abre seus olhos espirituais para que ele veja tudo hoje à luz da eternidade e torne-o uma boa testemunha de Cristo enquanto viver com as virtudes divinas. Rogo que o fortalecimento da sua fé seja a sua principal prioridade. Pelo nome poderoso de Jesus, amém.

Lembrar: Deus é puro, justo, amoroso e terno.

12

Força para distinguir o certo do errado

É Deus quem me reveste de força e torna perfeito o meu caminho.

(2Samuel 22:33)

Louvar a Deus: Que é nossa força.

Confessar: Qualquer subordinação aos meus próprios recursos e forças, em vez de confiar em Deus e na força que ele nos dá com tanta generosidade.

Agradecer: Porque Deus fortalece aqueles que recorrem a ele.

Pedir a Deus: Ó Senhor, minha força, rogo que minha filha saiba que tu lhe dás força e tornas perfeito o seu caminho. Pelo poder do teu Espírito, fortalece o espírito dela para que escolha seus caminhos segundo a tua Palavra. Torna reto o seu percurso ao enfrentar diariamente escolhas entre o certo e o errado. Com a tua ajuda, possa ela viver uma vida digna, desejando agradar-te ao obedecer a tuas ordens. Faze-a sentir a alegria de obedecer-te, compreendendo que só poderá fazer coisas boas por intermédio da tua força. Em nome de Jesus, amém.

Lembrar: Nada se sustenta sem a força de nosso Deus poderoso.

13

Desejo de um coração educável

Ensina-me a fazer a tua vontade, pois tu és o meu Deus; que o teu bondoso Espírito me conduza por terreno plano.

(Salmos 143:10)

Louvar a Deus: Por ser nosso professor.

Confessar: Qualquer desinteresse em aprender ou resistência a cumprir a vontade de Deus.

Agradecer: As ocasiões em que Deus me ensinou a cumprir a sua vontade e me conduziu pelos caminhos perfeitos.

Pedir a Deus: Deus, meu professor, rogo que ensines minha filha a cumprir tua vontade, pois tu és o seu Deus. Que teu bom Espírito a conduza a um terreno sem obstáculos. Oro para que tuas palavras sempre soem verdadeiras aos ouvidos dela. Peço que a preenchas com teu Espírito Santo e a guies com tua verdade. Concede-lhe um espírito disposto a aprender e desejoso de seguir teus caminhos. Ajuda-a a receber tua grande sabedoria com humildade, a não ser indisciplinada ou rebelde ao recusar teu conselho. Peço também que ela seja atenta e não rejeite os conselhos divinos dados por outros. Que possa desejar honrar-te e glorificar-te por toda a vida. Por favor, dá-me a sabedoria para ensinar-lhe tua verdade e conduzi-la por teus caminhos. Em nome de Jesus, amém.

Lembrar: Deus é um professor confiável que nos conduz de forma perfeita.

14

Ajuda para dificuldades com o trabalho de casa

Pois eu sou o SENHOR, o seu Deus, que o segura pela mão direita e lhe diz: Não tema; eu o ajudarei.

(Isaías 41:13)

Louvar a Deus: Por ser nosso ajudante.

Confessar: Qualquer orgulho ou dúvida que possa me impedir de admitir minha necessidade de ajuda ou de aceitar a ajuda que nos é oferecida.

Agradecer: Pelas vezes em que Deus, meu ajudante, veio em meu auxílio.

Pedir a Deus: Ó Senhor, meu auxiliador, peço que meu filho saiba que tu és o Senhor, seu Deus, que pega sua mão direita e lhe diz: "Não tema; eu o ajudarei." E que a promessa contida em tuas palavras o ajudem a lidar com seus trabalhos escolares. Por favor, dá a seus professores paciência, compaixão e sabedoria para ajudá-lo a aprender. Rogo que ele não se mostre orgulhoso nem tímido para pedir ajuda ao professor e que deseje também pedir a tua ajuda. Quando ele te procurar, faze com que compreenda as lições, ilumina a sua mente e protege-o do desalento. Concede-lhe paz e satisfação quando ele souber que deu o melhor de si. Em nome de Jesus, amém.

Lembrar: Deus sempre nos ajuda.

15

Confiando no dom de Deus para proporcionar talento e capacidade

E Deus é poderoso para fazer que lhes seja acrescentada toda a graça, para que em todas as coisas, em todo o tempo, tendo tudo o que é necessário, vocês transbordem em toda boa obra.

(2Coríntios 9:8)

Louvar a Deus: Por ele ser benevolente.

Confessar: Qualquer tendência à procrastinação, desespero ou desistência por sentimentos de inadequação.

Agradecer: Por meu benévolo Deus ter me dado minha filha.

Pedir a Deus: Peço-te, meu Pai benevolente, que despejes tuas graças sobre minha filha, para que, ao ter sempre tudo de que necessita, ela se exceda em todas suas boas obras. Senhor, minha filha duvida de seus talentos e capacidades. Sente-se incapaz e sem confiança em si mesma. Rogo que tua graça seja derramada sobre sua vida para que ela seja agradecida pela capacidade que tu lhe deste e que as ultrapasse. Protege-a do mal e do erro de comparar-se aos outros. Ó Senhor, ajuda-a a reconhecer que tu a dotaste especialmente de dons e talentos para realizar o bom trabalho que lhe designaste. Ajuda-me, como mãe, a reconhecer sua capacidade e concede-me a sabedoria de saber como educá-la e encorajá-la. Em nome de Jesus, amém.

Lembrar: Deus, nosso Pai benevolente, proporcionará tudo de que necessitamos.

16

Usando o tempo com sabedoria

Ensina-nos a contar os nossos dias para que o nosso coração alcance sabedoria.

(*Salmos* 90:12)

Louvar a Deus: Porque ele é eterno.

Confessar: Qualquer momento de um tempo precioso desperdiçado em coisas que de fato não importam.

Agradecer: Pelos desafios, aventuras e descobertas a cada novo dia, que proporcionam oportunidades de servir e honrar nosso Deus eterno.

Pedir a Deus: Ó Deus eterno e bendito, peço-te que ensines meu filho a avaliar corretamente seus dias para que possa ganhar um coração cheio de sabedoria. Imploro que, acima de tudo, ele te procure, pois o temor a ti é o começo da sabedoria. O homem sábio constrói sua vida sobre as verdades de tua Palavra; que meu filho possa reconhecer isso. Ajuda-o a ser disciplinado e diligente, com um agudo senso de responsabilidade no uso de seu tempo, e dá-me sabedoria para orientá-lo nas várias escolhas de atividades e exigências que seu tempo lhe impõe. Por tua graça e com a eternidade em mente, ajuda-nos a usar a sabedoria e o tempo que nos deste para que possamos te honrar e glorificar. Em nome de Jesus, amém.

Lembrar: Deus é eterno, nos ensina a avaliar nossos dias corretamente.

17

Sentir os efeitos salutares da confiança em Deus

> *Confie no SENHOR de todo o seu coração e não se apoie em seu próprio entendimento; reconheça o SENHOR em todos os seus caminhos, e ele endireitará as suas veredas. Não seja sábio aos seus próprios olhos; tema ao SENHOR e evite o mal. Isso lhe dará saúde ao corpo e vigor aos ossos.*
>
> *(Provérbios 3:5-8)*

Louvar a Deus: Por ser o doador da vida.

Confessar: Os fardos que eu carrego, que tiram minha alegria de viver e deixam meu corpo doente e exaurido, porque estou confiando em minha própria sabedoria em vez de confiar na sabedoria de Deus.

Agradecer: Pelo poder e sustento das palavras vivificantes de Deus.

Pedir a Deus: Ó Pai, Doador da Vida, rogo que minha filha confie de todo o coração em ti e não em seu próprio conhecimento. Que em todos os seus passos ela possa reconhecer-te, e que tu tornes seu caminho reto. Que ela não pretenda ser sábia a seus próprios olhos, que tenha temor a ti e se afaste do mal. Agradeço tua promessa de que isso dará saúde a seu corpo e vigor a seus ossos. Pai, muitas coisas nocivas podem prejudicar seu corpo e sua mente. Oro para que nada possa afetar a saúde de seu corpo ou de seu estado mental e, fundamentalmente, de sua alma. Protege-a para que ela não ceda à tentação. Que sinta um receio respeitoso por ti, Senhor, e deseje apenas te agradar. Oro para que ela desfrute de boa saúde de corpo e mente, para poder servir-te com grande zelo durante todos os dias de sua vida. Em nome de Jesus, amém.

Lembrar: Nosso Deus é o doador da vida, aquele que satisfaz a fome de nossos corações.

18

Desejo de ser atraente

Tu criaste o íntimo do meu ser e me teceste no ventre de minha mãe. Eu te louvo porque me fizeste de modo especial e admirável. Tuas obras são maravilhosas! Disso tenho plena certeza.

(Salmos 139:13-14)

Louvar a Deus: Exalte Deus, o criador de todas as coisas.

Confessar: Todas as vezes que eu não valorizei a tremenda obra de Deus, ou que não apreciei aquela que ele criou para eu ser.

Agradecer: Por Deus ter criado única e maravilhosamente cada um de nós no útero de nossas mães e declarado seu bom trabalho.

Pedir a Deus: Ó bendito Criador, tu criaste o ser mais íntimo de minha filha; tu a desenvolveste em meu útero. Que ela te louve por ter sido tão cuidadosa e maravilhosamente feita e saiba muito bem que tuas obras são perfeitas. Estou muito preocupada porque ela pensa que não é atraente o bastante e quer mudar sua aparência exterior. Ó Pai, por favor, ajuda-a a saber que não cometes erros; tu a destinaste especialmente para um determinado propósito, e ela é bela a teus olhos. Que essa verdade possa chegar ao fundo de sua alma. Capacita-a a mudar as coisas que podem ser mudadas e a ficar em paz com as que ela não pode mudar. Por favor, ajuda-me a formular uma perspectiva cristã equilibrada sobre a autoimagem, o vestuário e o cuidado com o corpo. Renova nossas mentes com tua verdade. Faze-nos recordar que refletir a beleza de Cristo é muito mais importante do que nossa aparência exterior. Em nome de Jesus, amém.

Lembrar: Deus é nosso Pai e criador, e nos fez maravilhosas a seus olhos.

19

Necessidade da cura de Deus

"[...] eu sou o SENHOR *que os cura."*

(Êxodo 15:26)

Louvar a Deus: Que é o Grande Médico.

Confessar: Todas as vezes que duvidei da compaixão de Deus e da sua disposição de curar.

Agradecer: Ao nosso Grande Médico por seu poder de curar nossas aflições, grandes e pequenas.

Pedir a Deus: Ó bendito Grande Médico, tu és o Senhor que cura. Peço-te que cures meu filho. Pelo poder da tua grande misericórdia, proporciona-lhe força enquanto ele lida contra os desafios diários de sua doença. Ajuda-o a ser corajoso e a não se deixar desanimar. Rogo que teu poder de cura toque seu corpo, para que ele desfrute novamente de uma boa saúde. Durante este tempo de doença, eu te pedi que fortalecesse seu espírito interior e o assemelhasse a Jesus. Por favor, usa este sofrimento para auxiliá-lo a tornar-se uma pessoa mais compassiva e disposta a orar por outros que estejam também doentes. Peço-te que garantas a sabedoria, a compreensão e a compaixão nos médicos que cuidam do meu filho. Imploro que o ajudes a dormir em paz, sabendo que está na palma da tua mão e que tu nunca o abandonarás. Em nome de Jesus, amém.

Lembrar: Deus, nosso Grande Médico, é bom, compassivo e misericordioso.

20

Necessidade da proteção de Deus

[...] Eu me refugiarei à sombra das tuas asas, até que passe o perigo.

(*Salmos* 57:1)

Louvar a Deus: Porque ele é o refúgio certo.

Confessar: As ocasiões em que busco minhas próprias soluções quando me sinto ameaçada.

Agradecer: Pois, embora as tempestades da vida possam chegar, eu encontro paz, segurança e consolo na presença abrangente de Deus.

Pedir a Deus: Senhor querido, meu refúgio certo, peço-te que minha filha busque refúgio na sombra de tuas asas até que o perigo passe. Tu conheces as circunstâncias e as situações, os lugares e as pessoas que a fazem sentir-se em risco. Quando ela se sentir ameaçada, rogo que se refugie nas tuas asas abertas até que o perigo desapareça. Confio em ti, Senhor, para que a encontres no meio desses lugares e dessas situações perigosas. E que possas sempre ser aquele para quem ela corre primeiro. Abre tuas asas, Senhor, para cobrir e proteger minha querida filha. Em nome de Jesus, amém.

Lembrar: Deus é nosso refúgio seguro e nosso protetor.

21

Ânsia de aceitação

[...] Sua gloriosa graça, a qual nos deu gratuitamente no Amado.

(Efésios 1:6)

Louvar a Deus: Que é nosso Amado.

Confessar: As ocasiões em que esqueço o quanto meu Pai celestial me ama e me aceita.

Agradecer: Por Deus ter-me escolhido para ser sua filha querida.

Pedir a Deus: Pai Amado, peço-te que minha filha saiba que graças a ti ela foi aceita em teu Filho Amado, Jesus. Senhor, meu coração se parte ao vê-la sentir-se rejeitada, insegura e não amada. Ela diz com frequência: "Nunca serei boa o bastante. Por que alguém iria gostar de mim?" Peço que ela entenda o quanto tu a amas. Pai, tu a amaste tanto que deste a vida por ela — não existe amor maior que esse. Liberta-a de qualquer dúvida quanto a essa verdade. Imploro-te que minha filha acredite de todo o coração, e não apenas racionalmente, que tu a amas completamente. Que ela encontre significado e aceitação por ser tua Amada. Em nome de Jesus, amém.

Lembrar: Deus é nosso Pai Amado, que nos ama mais do que podemos imaginar.

22

Escolhendo os amigos com cuidado

Aquele que anda com os sábios será cada vez mais sábio, mas o companheiro dos tolos acabará mal.

(Provérbios 13:20)

Louvar a Deus: Que é nosso amigo.

Confessar: Quaisquer más companhias que eu possa ter escolhido.

Agradecer: A Jesus, por ser o amigo perfeito que preenche para sempre meu coração solitário.

Pedir a Deus: Amado Deus, meu amigo, peço-te para ajudares meu filho a caminhar com os sábios para que cresça sábio. Protege--o contra companheiros tolos para que ele não se prejudique. Dá-lhe discernimento espiritual na escolha dos amigos. Que ele possa compreender que a base da amizade é o amor incondicional — a espécie de amor que tu tens por ele. Por favor, proporciona-lhe pelo menos um amigo cristão, para que juntos encorajem mutuamente sua fé, fortaleçam seu caráter divino e tomem decisões divinas. Oro também pela salvação de seus amigos que estiverem desamparados sem Cristo. Em nome de Jesus, amém.

Lembrar: Deus é nosso amigo sábio e fiel.

23

Perdoando os outros

Sejam bondosos e compassivos uns para com os outros, perdoando-se mutuamente, assim como Deus perdoou vocês em Cristo.

(Efésios 4:32)

Louvar a Deus: Que perdoa.

Confessar: Qualquer amargura ou pensamento de retaliação contra alguém que me causou um profundo sofrimento.

Agradecer: A Deus, por sua graça salvadora que nos dá compaixão e bondade para perdoar àqueles que devemos perdoar.

Pedir a Deus: Ó Deus clemente, rogo que minha filha seja boa e compassiva com os outros e que os perdoe assim como Cristo a perdoou. Ela está com dificuldade para perdoar. Alguém a feriu profundamente e ela guardou rancor. Peço-te que substitua a amargura de seu espírito pela indulgência. Que ela possa estender a quem a ofendeu a mesma compaixão e o mesmo perdão que tu lhe concedeste. Peço-te que teu amor prevaleça na vida dela, dando-lhe forças e livrando-a dessa submissão a um espírito impiedoso. Que ela possa experimentar a vitória e a liberdade — frutos da clemência. Pelo nome precioso de Jesus eu imploro, amém.

Lembrar: Deus é fiel no seu perdão, é compassivo e bom.

24

Honrar nossos pais

Filhos, obedeçam a seus pais no Senhor, pois isso é justo. "Honra teu pai e tua mãe", este é o primeiro mandamento com promessa: "para que tudo te corra bem e tenhas longa vida sobre a terra".

(Efésios 6:1-3)

Louvar a Deus: Que é nosso Pai.

Confessar: Toda vez que desonrei meus pais por pensamentos, palavras e obras.

Agradecer: A Deus, por ser um Pai incrível, que nos ensina como desfrutar da vida na terra.

Pedir a Deus: Pai Celestial, oro para que meu filho obedeça a seus pais em obediência a ti, pois isso é o certo. Que possa nos honrar assim como prometeste, para que tudo corra bem para ele, e que possa desfrutar de uma longa vida na terra. Ajuda-nos, como pais, a sermos bons exemplos de fiel obediência a ti, mostrando respeito, bondade e gentileza com nossos próprios pais em idade avançada. Peço-te que concedas a nosso filho um coração disposto a aceitar nossa orientação. Ajuda-o a ver que nós, que escolheste como teus representantes, somos responsáveis para guiá-lo, conduzi-lo e instruí-lo para uma vida que te honre. Concede-nos a sabedoria e o amor de que precisamos para corrigi-lo e ensiná-lo segundo a tua vontade. Que ele possa atender a nossos ensinamentos e aprender com nossas correções. Por favor, dá-lhe um coração desejoso de agradar a nós e a ti. Em nome de Jesus, amém.

Lembrar: Deus é nosso Pai celestial, que mantém todas as suas promessas.

25

Escolhendo o "herói" certo

Falando novamente ao povo, Jesus disse: "Eu sou a luz do mundo. Quem me segue, nunca andará em trevas, mas terá a luz da vida."

(João 8:12)

Louvar a Deus: Que é a Luz do Mundo.

Confessar: Toda vez que tive tentação de seguir alguém que não Jesus.

Agradecer: Por Deus ter enviado seu Filho, um guia confiável para iluminar o caminho à nossa frente.

Pedir a Deus: Ó Luz Divina, louvo a ti por teu Filho perfeito, Jesus, que é a Luz do Mundo. Que minha filha te siga, nunca caminhe na escuridão e tenha a luz da vida. Jesus é a luz perfeita para minha filha buscar e seguir. Rogo que ela escolha Jesus como seu herói, para que nunca caminhe na escuridão. Que seu coração anseie por ser como tu és: bom, compassivo, honesto, misericordioso e repleto de amor. Oro para que ela escolha exemplos terrenos que retratem a tua natureza. Que ela se comprometa a obedecer-te, seu Senhor e Salvador, e a se orgulhar de ser chamada de tua filha. Peço que tu sejas sempre seu exemplo número um. Em nome de Jesus, amém.

Lembrar: Jesus é a Luz do Mundo, e sua luz traz a vida.

26

Alegria de possuir um coração servidor

Cada um exerça o dom que recebeu para servir os outros, administrando fielmente a graça de Deus em suas múltiplas formas.

(1Pedro 4:10)

Louvar a Deus: Que é um servidor.

Confessar: As muitas vezes que coloquei meus desejos e ambições acima da oportunidade de administrar a graça de Deus aos outros.

Agradecer: Por ter o Filho de Deus se humilhado para arcar com as limitações e a pobreza da humanidade e se tornado o servidor de todos.

Pedir a Deus: Ó Senhor Servidor, peço-te que meu filho use qualquer dádiva que tenha recebido para servir aos outros, administrando com fidelidade tua graça sob múltiplas formas. Ensina-o a nada fazer por ambição egoísta ou vaidade, mas por considerar com humildade os outros antes de si próprio. Faze-o buscar não só seus interesses pessoais, mas também os interesses dos outros. Peço-te que ele seja sensível às necessidades daqueles que estão à sua volta. Concede que encoraje aqueles que estão abatidos e se rejubile com aqueles que têm êxito. Oro para que ele sirva aos outros com uma atitude humilde, não com superioridade. Ajuda-me a ser um bom exemplo de seu coração servidor — um modelo que ele possa seguir. Em nome de Jesus eu peço, amém.

Lembrar: Nosso Deus e Senhor escolheu ser nosso servidor.

27

Uma dose de coragem, por favor

[...] Seja forte e corajoso! Não se apavore, nem desanime, pois o Senhor, o seu Deus, estará com você por onde você andar.

(Josué 1:9)

Louvar a Deus: Por ele ser nosso Deus sempre presente.

Confessar: As ocasiões em que fui levada pelas circunstâncias e emoções do momento e por isso senti medo e perdi a coragem.

Agradecer: Pela fidelidade de Deus em estar presente em sua vida, protegendo-a, fortalecendo-a e lhe dando coragem.

Pedir a Deus: Deus querido e sempre presente, oro para que minha filha seja forte e corajosa, para que ela não se amedronte ou perca a coragem, porque tu, seu Senhor e seu Deus, estarás a seu lado aonde ela for. Peço que lhe concedas forças para enfrentar as coisas que causam pânico a seu coração. Dá-lhe coragem para desafiar suas montanhas, sabendo que, por meio de teu poder, ela pode vencer e vencerá. E que saiba que tua presença está sempre nela. Ajuda-a a buscar-te para ter coragem de viver vitoriosamente, de acordo com teu desejo. Em nome de Jesus, amém.

Lembrar: Deus é nosso Pai sempre presente.

28

A paciência será testada ao longo da adversidade

Alegrem-se na esperança, sejam pacientes na tribulação, perseverem na oração.

(*Romanos* 12:12)

Louvar a Deus: Porque ele é paciente.

Confessar: Qualquer impaciência quando pessoas e circunstâncias não coincidem com meus planos.

Agradecer: Pela fiel paciência de Deus e por seu perdão, mesmo quando somos vagarosos ou teimosos para lhe responder.

Pedir a Deus: Ó meu Pai, cheio de paciência, peço-te que meu filho seja alegre na esperança, paciente na aflição e fiel na oração. Que ele seja fortalecido com todo o poder, a grande persistência e a paciência, conforme tua poderosa vontade. Pai, agradeço-te porque ele amadurecerá em paciência pelas muitas provações e testes em sua vida. Confio que essas comprovações de sua fé lhe darão grande persistência. Que ele saiba esperar com paciência, confiando nas tuas promessas e obedecendo à tua Palavra. Rogo que lhe concedas um coração perseverante e empenhado diante das mais difíceis situações. Que ele possa manter os olhos em ti, orando fielmente para o autor e consumador de sua fé. Em nome de Jesus, amém.

Lembrar: Deus é infinitamente paciente, excedendo-se em amor, alegria e fidelidade.

29

Aprendendo a controlar a raiva

Meus amados irmãos, tenham isto em mente: Sejam todos prontos para ouvir, tardios para falar e tardios para irar-se, pois a ira do homem não produz a justiça de Deus.

(Tiago 1:19-20)

Louvar a Deus: Porque ele é santo.

Confessar: As palavras ásperas e amargas que saíram de minha boca antes que pudesse impedi-las, ferindo quem pudesse estar em meu caminho.

Agradecer: Ao Deus santo, cujo coração leniente responde à raiva com palavras doces de correção e restauração.

Pedir a Deus: Ó santo Deus, faz meu filho ser rápido para ouvir, lento para falar e se enraivecer, porque a raiva dele não conduz à vida correta que desejas. Por favor, ajuda-o a aprender a ser rápido para ouvir o que os outros têm a dizer. Ensina-o a ser lento no falar, dando tempo para refletir sobre o que vai dizer. E refreia seu temperamento de modo a que ele não se irrite rapidamente quando se vê frustrado ou aborrecido. Ajuda-o a não guardar rancor e a ser rápido para resolver seus conflitos a fim de que a amargura não se enraíze em seu coração. Enche-o de sabedoria para que ele lide com as situações desafiadoras de modo amável e gentil. Dá-lhe um coração clemente e faz com se lembre de que tens sido clemente com ele. Em nome de Jesus, amém.

Lembrar: Servimos a um Deus santo que demora a se irritar.

30

Consolo para um coração partido

> [...] o SENHOR ungiu-me para levar boas notícias aos pobres. Enviou-me para cuidar dos que estão com o coração quebrantado, anunciar liberdade aos cativos e libertação das trevas aos prisioneiros, para proclamar o ano da bondade do SENHOR e o dia da vingança do nosso Deus; para consolar todos os que andam tristes.
>
> (Isaías 61:1-2)

Louvar a Deus: Porque ele é o Deus de todo o consolo.

Confessar: Qualquer dúvida quanto à fidelidade de Deus, sua índole compassiva e caridosa.

Agradecer: As dádivas de consolo de Deus, que aliviam o espírito e restauram a alegria naqueles que estão preocupados, solitários, fatigados, tristes ou desencorajados.

Pedir a Deus: Bendito Deus de todo consolo, rogo-te que ates o coração partido do meu filho. Por favor, coloca sobre ele uma bela coroa em vez de cinzas, unge-o com o óleo da alegria em vez de mágoa e vestes de louvor em vez de um espírito de desespero. Meu coração dói quando vejo meu filho carregado de dores e frustrações que não posso resolver. Gostaria de poder curá-lo, Senhor; só tu podes. Só tu podes ser a alegria dele e remendar um coração que foi transpassado. Ele necessita de teu toque curativo. Enxuga as lágrimas dele e devolve uma canção de alegria à sua vida. Transforma a aflição do meu filho em exaltação. Faze-o sentir teu amor infalível para que ele possa confiar em teu plano sábio e perfeito para sua vida. Para tua honra e glória, oro em nome de Jesus, amém.

Lembrar: Deus é nosso conforto, que nos consola, alivia, acalma, reassegura e cura.

31

Ter um espírito cuidadoso e compassivo

Portanto, como povo escolhido de Deus, santo e amado, revistam-se de profunda compaixão, bondade, humildade, mansidão e paciência.

(Colossenses 3:12)

Louvar a Deus: Por sua misericórdia.

Confessar: As ocasiões em que me comovi às lágrimas pelo sofrimento que vejo e a que não fui capaz de atender com atos de compaixão.

Agradecer: Porque Deus revelou sua compaixão não só com palavras, mas também com atos.

Pedir a Deus: Ó Pai misericordioso, que meu filho — teu filho escolhido, santo e muito amado — possa vestir-se de compaixão, bondade, humildade, suavidade e paciência. Rogo que ele não se concentre tanto em si próprio a ponto de não ver os sofredores e feridos à sua volta. Que ele use as oportunidades para ser caridoso e amável com os outros. Estimula-o para ações compassivas, que farão diferença neste pequeno canto do mundo. Que ele sirva aos outros com o coração transbordante de compaixão e os encaminhe para o coração de Jesus. Em nome de Jesus, amém.

Lembrar: Deus é misericordioso, bom, suave e paciente.

32

O Senhor nos liberta do medo

Busquei o SENHOR*, e ele me respondeu; livrou-me de todos os meus temores. Os que olham para ele estão radiantes de alegria; seus rostos jamais mostrarão decepção.*

(Salmos 34:4-5)

Louvar a Deus: Pois ele é nosso libertador.

Confessar: Qualquer tendência a ceder ao medo, à ansiedade ou à inquietude.

Agradecer: Por Deus levantar a pesada carga de medo daqueles que o buscam.

Pedir a Deus: Querido Deus, meu libertador, peço que isto seja dito da minha filha: que ela te buscou e que a atendeste e libertaste-a de seus temores. Que o rosto dela seja iluminado e nunca se cubra de vergonha, porque ela te procura. Ajuda-a a saber que és capaz de libertá-la de todos os seus medos — que teu perfeito amor expulsa o medo. Ajuda minha filha a confiar no poder do Espírito Santo para proporcionar-lhe coragem e a fé de que precisa para seguir em frente. Que ela substitua seus temores pelas promessas da tua Palavra. Ajuda-a a viver em paz, confiante em ti. Em nome de Jesus, amém.

Lembrar: Deus é nosso libertador, nossa esperança que nos afasta do medo.

33

Jesus promete livrar-nos da condenação

Portanto, agora já não há condenação para os que estão em Cristo Jesus.
(Romanos 8:1)

Louvar a Deus: Que é misericordioso.

Confessar: Qualquer crença de que Deus ainda esteja irado contigo pelos pecados que já perdoou.

Agradecer: Pelo perdão misericordioso de Deus, que remove a culpa e as punições pelo pecado.

Pedir a Deus: Meu Senhor misericordioso, peço que minha filha conheça e sinta esta verdade: não existe mais condenação para aqueles que estão em Jesus Cristo. Rogo que ela saiba sem sombra de dúvida que Jesus pagou por todos os seus pecados na cruz. Se ela estiver sobrecarregada de culpas, rogo que essa verdade penetre em seu coração: se ela realmente se arrependeu do pecado, está perdoada, não importando como se sinta. Senhor, tua misericórdia a liberta da condenação, pois nunca mais reavivarás suas ofensas. Por favor, ajuda-a a perdoar a si própria. Em nome de Jesus, amém.

Lembrar: Podemos confiar no coração misericordioso, compassivo e indulgente do nosso Pai.

34

O desejo de ser como Jesus

E todos nós, que com a face descoberta contemplamos a glória do Senhor, segundo a sua imagem estamos sendo transformados com glória cada vez maior, a qual vem do Senhor, que é o Espírito.

(2Coríntios 3:18)

Louvar a Deus: Por ele ser santíssimo.

Confessar: Qualquer impureza de pensamento ou de ato que cubra a glória dos atributos de Deus em mim.

Agradecer: A Deus, que nos deu o Espírito Santo para nos transformar à semelhança de Jesus.

Pedir a Deus: Amado e santíssimo Deus, oro para que meu filho com o rosto descoberto reflita a tua glória, assemelhando-se a ti com a glória crescente vinda do Senhor, que é o Espírito. Sei que meu filho foi preparado para viver uma vida digna de ti, produzindo frutos a cada boa obra. Que o coração dele anseie por agradar-te. Que ele ame as coisas que tu amas. Quando passar por alguma tentação, peço que confie na força e no poder do Espírito Santo para ajudá-lo a fazer o que é certo. Rogo que ele aceite cada vez mais assumir, por intermédio de teu Espírito, a tua gloriosa semelhança. Em nome de Jesus, amém.

Lembrar: Nosso Deus é santo; e, graças a seu Espírito, ele nos transforma à semelhança de seu Filho, Jesus Cristo.

35

Conhecendo Deus por sua palavra

Quero conhecer a Cristo, ao poder da sua ressurreição e à participação em seus sofrimentos, tornando-me como ele em sua morte.

(Filipenses 3:10)

Louvar a Deus: Que é nosso Deus todo-poderoso.

Confessar: Alguma falta de desejo ou de entusiasmo para conhecer Cristo.

Agradecer: Que Deus tenha vencido a morte e nos convide para conhecê-lo por meio da sua Palavra.

Pedir a Deus: Deus onipotente, peço-te que meu filho deseje conhecer Cristo e o poder de sua ressurreição. Peço-te que ele se afaste das distrações da vida e penetre na quietude de tua presença. À medida que te conhecer pela leitura da tua Palavra e pela oração, que ele reconheça teu amor e sinta tua proximidade. Que as verdades contidas em tua Palavra lavem o coração dele, dando-lhe a segurança de quem é em Cristo. Abre, ó Deus, os olhos espirituais de meu filho para ele experimentar teu grande poder. Que ele ame tuas palavras mais do que alimento e as considere mais doces do que mel. Que ele possa sentir as alegrias e bênçãos da vida abundante que prometeste àqueles que te conhecem. Em nome de Jesus, amém.

Lembrar: Por seu poder e de ressurreição, Cristo é vitorioso sobre a morte.

36

As más companhias corrompem o bom caráter

Não se deixem enganar: "As más companhias corrompem os bons costumes." Como justos, recuperem o bom senso e parem de pecar; pois alguns há que não têm conhecimento de Deus; digo isso para vergonha de vocês.

(1Coríntios 15:33-34)

Louvar a Deus: Porque ele é nosso verdadeiro amigo.

Confessar: Qualquer tendência a procurar má companhia.

Agradecer: Porque nosso Deus não esconde a verdade de nós.

Pedir a Deus: Ó Deus, que és meu amigo, rogo para que minha filha não seja induzida ao erro: más companhias corrompem um bom caráter. Por favor, Senhor, traze-a de volta ao bom senso para que deixe de pecar. Abre os olhos dela para que veja claramente como a má companhia que mantém a desencaminha, levando-a a tomar um trajeto escuro, distante de tuas bênçãos. O convívio com esses "amigos" a torna insatisfeita, inquieta e infeliz. Dá-lhe coragem para fazer o que é certo, mesmo com o risco de ser ridicularizada ou de perder esses amigos. Pai, por favor, salva esses amigos de quem ela precisa tanto e coloca em sua vida outros amigos que te amam e te seguem. Que minha filha te escolha como seu melhor amigo. Para tua glória, em nome de Jesus, amém.

Lembrar: Deus é nosso amigo sábio, clemente e verdadeiro.

37

Um coração compassivo

Portanto, como povo escolhido de Deus, santo e amado, revistam-se de profunda compaixão, bondade, humildade, mansidão e paciência.

(Colossenses 3:12)

Louvar a Deus: Que é compassivo.

Confessar: Qualquer dureza no coração que impede de refletir a santidade e o amor de Deus.

Agradecer: A Deus, por seu coração amoroso, que transborda de compaixão por seus filhos amados.

Pedir a Deus: Ó Pai compassivo, agradeço-te por teres escolhido minha filha e por ela ser piedosa e amada. Que ela possa, graças a ti, ter um coração compassivo. Desenvolve nela um coração terno, de modo que a reconheçam por sua preocupação compreensiva com as pessoas que estejam passando por aflições ou grande necessidade. Revela-lhe alguma tendência egoísta que possa ter desenvolvido e que a impede de perceber aqueles que estão tristes ou em sofrimento. Que ela cresça a cada dia, refletindo o teu coração compassivo. E, Senhor, faze-a ver teu coração compassivo refletir-se em mim. Em nome de Jesus, amém.

Lembrar: Deus é santo e compassivo.

38

Caminhando com integridade

Quem anda com integridade anda com segurança, mas quem segue veredas tortuosas será descoberto.

(Provérbios 10:9)

Louvar a Deus: Que é a verdade.

Confessar: Qualquer tentação de tomar atalhos quando se trata de integridade.

Agradecer: A Deus, por ser o autor e o defensor da integridade.

Pedir a Deus: Ó Deus da verdade, oro para que meu filho se torne um homem íntegro e que caminhe com segurança. Peço-te que seja descoberto se tomar um trajeto tortuoso. Por tua graça, desenvolve nele um caráter divino cuja obsessão seja fazer o que é correto. Oro para que ele escolha caminhos retos enquanto te segue... para que seja honesto e mantenha suas promessas, mesmo quando o fizerem sofrer. Abençoa-o com uma consciência clara diante de ti e dos outros e, se ele mentir, que a sua consciência fique tão perturbada que imediatamente admita seu erro e se arrependa. Rogo que ele conheça a alegria de ser uma pessoa em que se pode confiar. E que possa experimentar a liberdade de não ter de olhar por cima do ombro, com medo da verdade. Para tua glória, em nome de Jesus, amém.

Lembrar: Nosso Deus onisciente é perfeito e verdadeiro em todos os seus caminhos.

39

Ter um coração criterioso

Dá, pois, ao teu servo um coração cheio de discernimento para governar o teu povo e capaz de distinguir entre o bem e o mal. Pois, quem pode governar este teu grande povo?

(1Reis 3:9)

Louvar a Deus: Que é onisciente.

Confessar: As ocasiões em que ignorei os pressentimentos de meu inspirado coração e escolhi o que sabia ser errado.

Agradecer: Por Deus nos ter libertado da sujeição ao pecado e, pela verdade de sua Palavra, nos dado o poder de distinguir o certo do errado.

Pedir a Deus: Deus onisciente, rogo-te que concedas à minha filha um coração criterioso para governar teu povo e para distinguir entre o certo e o errado. Assegura-lhe um espírito de sabedoria para fazer boas escolhas graças ao conhecimento de tua Palavra e para ser sensível à quieta e pequena voz de teu Espírito Santo dentro dela. Senhor, inculca-lhe determinação para testar tudo por intermédio da verdade da tua Palavra, de modo que não se mostre ingênua ou facilmente persuadida. Se ela pressentir que aquilo que lê ou que ouve dos amigos, ou o que lhe é ensinado, não parece certo, dá-lhe discernimento para ver o que o óbvio está escondendo. Como tua discípula, que seja capaz de influenciar as vidas dos outros, ajudando-os a distinguir o certo do errado conforme tua Palavra. Abençoa-a muito e aproveita-a para teu reino. Em nome de Jesus, amém.

Lembrar: Deus é sábio, e todos os caminhos dele são justos.

40

Escolhendo amigos que caminham na retidão de Deus

Filhinhos, não deixem que ninguém os engane. Aquele que pratica a justiça é justo, assim como ele é justo.

(1João 3:7)

Louvar a Deus: Que é nosso Bom Pastor.

Confessar: Alguma inclinação para se desencaminhar por valores falsos e seguir caminhos e pessoas do mundo em vez de obedecer a Deus.

Agradecer: A nosso Bom Pastor que nos conduz com justiça e traz pessoas piedosas para nosso convívio.

Pedir a Deus: Bom pastor, peço que ninguém desencaminhe meu filho. Oro para que ele faça o que é certo e procure ser justo, assim como és justo. Dá-lhe bom discernimento na escolha dos amigos. Rogo que ele não procure a companhia daqueles que são inclinados à desobediência. Que ele possa influenciar seus amigos para a justiça e não se abra a qualquer influência ímpia persuasiva. Pai, ele se defronta com muita pressão de seus pares. Ajuda-o a ser forte em suas convicções e corajoso para ficar sozinho, mesmo que isso signifique a perda de um amigo. Peço que lhe concedas tua força para que ele seja resoluto diante de oposição, mas nunca hipócrita ou ofensivo em sua conduta. Oro para que seja vitorioso em sua fé, escolhendo seguir Jesus. Em nome de Jesus, amém.

Lembrar: Deus é nosso Bom Pastor, conduzindo-nos por caminhos perfeitos.

41

Um apelo para a pureza sexual

A vontade de Deus é que vocês sejam santificados: abstenham-se da imoralidade sexual. Cada um saiba controlar o seu próprio corpo de maneira santa e honrosa, não com a paixão de desejo desenfreado, como os pagãos que desconhecem a Deus.

(1Tessalonicenses 4:3-5)

Louvar a Deus: Por sua santidade.

Confessar: Qualquer desejo de voltar atrás nos caminhos de Deus e ceder a paixões luxuriosas.

Agradecer: Porque Deus nos ensina a seguir seus caminhos.

Pedir a Deus: Pai Celestial, imploro por minha filha para que ela seja santa e mantenha-se livre de qualquer pecado sexual. Que possa controlar seu corpo e viver de maneira santa e honrada — não em paixões luxuriosas como fazem os pagãos, que ignoram a ti e a teus caminhos. Ajuda-a a dizer "não" a desejos ímpios. Impede-a de acreditar em mentiras, como "todo mundo faz isto", e de crer que teus caminhos são antiquados. Concede-lhe maturidade espiritual para ver que o verdadeiro amor te respeita e te honra acima de tudo. Dá-lhe forças para manter-se firme e não ceder a paixões luxuriosas. E, se tiver cedido, que possa se arrepender e receber teu perdão e tua cura. Pelo poder de teu Espírito, concede-lhe autocontrole e faz com que ela se mantenha pura para o leito matrimonial. E que seu futuro esposo também se mantenha puro para que o casamento deles possa glorificar-te e não venha impregnado de um passado sexual. Em nome de Jesus, amém.

Lembrar: Deus é santo, seus caminhos são verdadeiros e dão vida a todos que os percorrem.

42

Necessidade da sabedoria de Deus

Se algum de vocês tem falta de sabedoria, peça-a a Deus, que a todos dá livremente, de boa vontade; e lhe será concedida.

(Tiago 1:5)

Louvar a Deus: Por sua sabedoria insuperável.

Confessar: Qualquer traço de orgulho ou independência que me leve a confiar em minha sabedoria em vez de buscar a sabedoria de Deus.

Agradecer: A Deus, por compartilhar sua sabedoria conosco.

Pedir a Deus: Meu Deus onisciente e sábio, tu prometes a meu filho que se lhe faltar sabedoria deve pedir a ti, que a concedes generosamente a todos sem falta. Meu filho chegou a ponto de não saber o que fazer, para onde se voltar ou a quem pedir ajuda. Está se sentindo sozinho e desesperançado. Oro para que tu concedas a sabedoria que lhe falta. Por maior ou menor que seja sua inquietude, que ele saiba que nunca te ofenderá ou incomodará se te pedir essa ajuda. Por favor, faze-o ajoelhar-se, olhar para o alto e invocar-te. Com teu amor avassalador, dá-lhe fé para acreditar que, como prometeste, ele poderá contar com a sabedoria que te pede. Usa o sofrimento dele para levá-lo a uma maior dependência de ti. E que esse seu pedido de sabedoria se torne um hábito para ele por toda a vida. Em nome de Jesus, amém.

Lembrar: Deus é generoso e misericordioso, e proporciona sabedoria àqueles que o procuram.

43

Viver na paz, na alegria e na esperança

Que o Deus da esperança os encha de toda alegria e paz, por sua confiança nele, para que vocês transbordem de esperança, pelo poder do Espírito Santo.

(Romanos 15:13)

Louvar a Deus: Que é fidedigno.

Confessar: Qualquer falta de confiança em Deus que me faça perder a paz, a alegria e a esperança.

Agradecer: Que possamos ter paz, alegria e esperança por Deus ser quem é e pelo que nos dá.

Pedir a Deus: Meu fidedigno Deus de esperança, oro para que preenchas minha filha com toda a alegria e paz ao confiar em ti para que ela possa se inundar de esperança pelo poder do Espírito Santo. Pai, tu vieste para lhe dar uma vida abundante de alegria, paz e esperança. Porém ela está inclinada a deixar que as circunstâncias ditem seu comportamento e a afastem de tuas dádivas preciosas. Por favor, guia seu coração e sua mente para que ela compreenda que alegria, paz e esperança não estão nas circunstâncias, mas na pessoa de Jesus Cristo. Que a leitura de tua Palavra e o tempo que dedica à oração sejam ricos e compensadores, levando-a a confiar em ti na busca de paz, alegria e esperança. Instala em seu coração uma confiança profunda e enraizada de maneira que tenhas tudo sob controle. Senhor, rogo que ela possa sentir-se plena de alegria e esperança pelo poder de teu Espírito Santo para que a paz reine em seu coração. Em nome de Jesus, amém.

Lembrar: Deus é nossa fonte confiável de alegria, esperança e paz.

44

Sendo afável e indulgente com os irmãos

Livrem-se de toda amargura, indignação e ira, gritaria e calúnia, bem como de toda maldade. Sejam bondosos e compassivos uns para com os outros, perdoando-se mutuamente, assim como Deus os perdoou em Cristo.

(Efésios 4:31-32)

Louvar a Deus: Cujo coração é compassivo.

Confessar: Qualquer tendência à amargura, raiva, rancor, palavras ásperas, calúnias ou mau comportamento.

Agradecer: Cada ato compassivo que Deus nos mostrou.

Pedir a Deus: Pai compassivo, por favor, ajuda meus filhos a se livrar de toda amargura, raiva, rancor, palavras ásperas, calúnias e mau comportamento. Que eles possam ser amáveis uns com os outros, que seus corações sejam ternos e que se perdoem mutuamente, como Cristo os perdoou. Tu vês os conflitos que meus filhos travam entre si dentro de casa. Corta meu coração quando os vejo se tratarem assim. Deus poderoso, rogo que intervenhas. Não é tua vontade que eles se tratem tão mal, com desrespeito, críticas maldosas, palavras ásperas e rudes. Atrevo-me a pedir que tu coloques bem fundo no coração deles um amor compassivo e terno uns pelos outros. Concede-me as palavras para dissipar o rancor e encorajar o perdão. Peço-te que nosso lar tenha o aroma suave de Cristo. Concede-nos a vitória por amor a teu nome, amém.

Lembrar: Nosso Deus compassivo é bom e indulgente, jamais maldoso.

45

Ter um coração leal

Tu és o SENHOR, o Deus que escolheu Abrão, [...]. Viste que o coração dele era fiel [...].

(Neemias 9:7-8)

Louvar a Deus: Pois ele é fiel.

Confessar: Alguma falta de fidelidade ao confiar e obedecer a Deus.

Agradecer: Pois, mesmo quando não somos leais a Deus, ele permanece leal conosco.

Pedir a Deus: Leal e querido Deus, assim como tu escolheste Abrão e descobriste que seu coração era fiel, rogo que o coração de meu filho também seja fiel a ti. Rogo que tal fidelidade seja um traço de seu caráter, presente em todos os dias de sua vida. Que ele seja firme no compromisso que tem contigo e somente contigo. Que seja um homem de palavra, determinado a fazer o que diz, e não apenas a causar boa impressão. Que possa seguir, com firmeza, o exemplo de Jesus de obediência à vontade do Pai. E quando pecar e se arrepender, Senhor, que não tenha sequer uma sombra de dúvida de que tu serás leal em seu perdão, assim como és leal em todas as tuas promessas. Que nada possa impedi-lo de ser leal em sua devoção a ti. E que eu possa ser um exemplo vivo de fidelidade a ti. Em nome de Jesus, amém.

Lembrar: Deus é leal e mantém todas as suas promessas.

46

Aquele que encoraja os outros

Exortem-se e edifiquem-se uns aos outros, como de fato vocês estão fazendo.

(1Tessalonicenses 5:11)

Louvar a Deus: Pois ele é a Palavra de Vida.

Confessar: Qualquer egoísmo que me cegue para as necessidades dos outros e me impeça de encorajá-los.

Agradecer: Por nosso Deus amoroso querer que encorajemos e sejamos encorajados na vida ao compartilharmos sua Palavra entre nós.

Pedir a Deus: Pai celestial, Palavra de Vida, que meu filho possa encorajar, exortar, edificar, fortalecer e animar os outros. Em vez de ser encorajado, que tenha oportunidade de ser um encorajador. Cultiva o desejo dele de aproximar-se dos outros — membros da família, amigos, ou até mesmo pessoas que não conhece — para passar uma palavra de encorajamento. Que a cada dia possa ampliar sua consciência quanto a oportunidades de edificar os outros ou estender-lhes uma mão amiga e encorajadora. Peço-te que ele sinta a alegria de ver as pessoas que ajudou ganharem força e esperança simplesmente por terem colocado as necessidades delas antes das suas próprias. Senhor, que ele possa todos os dias dedicar tempo à tua Palavra para receber teu encorajamento e se fortalecer na fé, podendo assim edificar os outros. Em nome de Jesus, amém.

Lembrar: Deus é nosso consolo e nosso grande encorajador.

47

Buscando o amor de Deus em tempos de sofrimento

Pois não menosprezou nem repudiou o sofrimento do aflito; não escondeu dele o rosto, mas ouviu o seu grito de socorro.

(Salmos 22:24)

Louvar a Deus: Por ele ser nosso Pai cuidadoso.

Confessar: Alguma falta de cuidado com os que precisam de ajuda em meio ao sofrimento.

Agradecer: Por Deus ouvir nossos gritos de ajuda e não nos virar as costas quando sofremos.

Pedir a Deus: Ó Pai cuidadoso, agradeço por não desprezares nem desdenhares do sofrimento de minha filha atormentada. Agradeço-te por não teres ocultado dela teu rosto, e sim ouvido seu pedido de ajuda. Que ela possa sentir tua presença e teu cuidado durante este tempo, em que tantos amigos a esqueceram. Ela está lutando para lidar com os difíceis desafios que enfrenta, e o sentimento de abandono e desamor aumenta sua dor. Ajuda-a a confiar em ti a cada momento em meio ao sofrimento. Rogo que tu alivies essa dor; mas, se em tua sabedoria deixares que sua dor continue, que ela considere tua graça suficiente e descubra que teu poder é verdadeiramente perfeito para sua fraqueza. Ajuda-me, Pai, a ser um reflexo fiel de tua misericórdia inigualável e de teu amor por ela. Em nome de Jesus, amém.

Lembrar: Pelo grande carinho que tem por nós, Deus não nos abandona quando sofremos.

48

Apelo por um filho que se desviou

Darei a eles um coração não dividido e porei um novo espírito dentro deles; retirarei deles o coração de pedra e lhes darei um coração de carne.
(Ezequiel 11:19)

Louvar a Deus: Que é nosso Pastor.

Confessar: Qualquer dúvida de que Deus produzirá um novo espírito no coração de meu filho.

Agradecer: Por Deus, o fiel Pastor, estar atento a meu filho, mesmo quando ele se desvia.

Pedir a Deus: Ó bendito Deus, rogo que concedas a meu filho um coração íntegro e lhe proporciones um novo espírito. Retira-lhe seu coração de pedra e põe em seu peito um coração de carne. Rogo pela vida dele, que é um de teus preciosos cordeiros que se desviou. Os caminhos do mundo levaram-no a comportamentos destrutivos para sua alma. Transforma seu coração teimoso e egoísta num coração acomodado e sensível a teu Espírito. Ajuda-o a recuperar o juízo e ver o grande amor que tu lhe devotas independentemente do caminho que ele seguiu. Que tua bondade amorosa faça-o arrepender-se e entregar a ti toda a sua vida. Tu começaste um bom trabalho nele, e confio na tua promessa de concluir esse trabalho até o retorno de Cristo. Senhor, ao abrir meu coração partido para ti, espero que seja hoje o dia em que o coração dele se voltará para o lar. Em nome de Jesus, amém.

Lembrar: Deus é o Bom Pastor, que busca e salva aqueles que estão perdidos.

49

Protegendo-se da tentação

Vigiem e orem para que não caiam em tentação. O espírito está pronto, mas a carne é fraca.

(Mateus 26:41)

Louvar a Deus: Que é nossa rocha.

Confessar: Alguma falta de determinação para proteger-me da tentação.

Agradecer: A Deus, que nos mantém ancorados à rocha de nossa salvação.

Pedir a Deus: Ó rocha bendita, peço que meu filho se mantenha alerta e ore. De outro modo, a tentação o dominará. Pois, embora ele tenha boa índole, sua carne é fraca. Assim, por favor, concede-lhe discernimento espiritual para ver com clareza os engodos oferecidos pelo mundo, pela carne e pelo Diabo. Conserva meu filho em estado de vigilância, sempre perto de ti; que ele leia tua Palavra todos os dias, que ore e se associe a crentes fiéis. Quando a tentação chegar, que recorra a ti, a rocha da salvação. Que possa pedir imediatamente tua ajuda e desconfiar da própria força. Pelo poder de teu Espírito, capacita-o a dizer não. Peço-te para levar alguém para junto dele, nesse momento de fraqueza, que o ajude a tomar a decisão acertada. Dá-lhe a vitória, para tua glória. Em nome de Jesus, amém.

Lembrar: Deus é nossa rocha, onde podemos nos manter firmes em sua vontade.

50

Devotados a proteger o coração

Acima de tudo, guarde o seu coração, pois dele depende toda a sua vida.
(Provérbios 4:23)

Louvar a Deus: Que é nosso mestre.

Confessar: Alguma falta de cuidado ou indiferença com o que tenho em meu coração.

Agradecer: A Deus, que nos ensina a proteger nossos corações para que tenhamos uma vida plena e abundante.

Pedir a Deus: Ó Mestre fiel, oro para que meu filho cuide de seu coração com toda a diligência, pois é daí que partem as fontes da vida. Pai, agradeço-te por teres fielmente capacitado meu filho a fazer o que ordenas. Peço que ele não seja descuidado ou indiferente quanto ao que deixa entrar em seu coração, pois é ali que reside o "centro de controle" de seu intelecto, de suas emoções e de sua vontade. Que ele não permita que seus olhos se voltem para questões insignificantes. Que seja capaz de identificar as coisas que ouve e que podem afastá-lo de ti. Ajuda-o a guardar seu coração como um tesouro sagrado, impedindo que qualquer mancha o embace. Que seja objetivo, ao escolher-te acima de tudo, e determinado a preencher seu coração com as verdades de tua Palavra. Conserva-o atento por meio de oração incessante para que ele não caia em tentação. Em nome de Jesus, amém.

Lembrar: Deus é um mestre fiel que nos ajuda a caminhar na retidão.

51

Resista à tentação por meio da vigilância e da oração

Vigiem e orem para que não caiam em tentação. O espírito está pronto, mas a carne é fraca.

(Mateus 26:41)

Louvar a Deus: Que é nosso Intercessor.

Confessar: Qualquer fraqueza pessoal ou pontos obscuros que permitam a entrada de tentações.

Agradecer: Por Deus nos dar sua força para resistir à tentação.

Pedir a Deus: Ó bendito Intercessor, oro para que meu filho permaneça atento e ore para não cair em tentação. O espírito está pronto, mas a carne é fraca. Dá um coração alerta para qualquer coisa que possa tentá-lo a pecar. Que ele seja humilde, reconhecendo a verdade: em sua própria carne ele não resistirá à tentação e precisará do apoio de teu Espírito para não tomar decisões erradas. Dá-lhe o desejo de escolher a ti, e não a suas paixões carnais, indo a ti em oração à procura de ajuda para manter-se no caminho honesto, para saber o que é certo e não pecar. Então te peço para ajudá-lo a ficar atento e a orar para que faça o que é correto. Em nome de Jesus, amém.

Lembrar: Deus, nosso Intercessor, nos ajuda em nossa fraqueza.

52

Obedecendo aos mandamentos de Deus sobre o casamento

Não se ponham em jugo desigual com descrentes. Pois o que têm em comum a justiça e a maldade? Ou que comunhão pode ter a luz com as trevas?

(2Coríntios 6:14)

Louvar a Deus: Que é nosso Pai justo.

Confessar: Algum desejo de unir-se ao que Deus diz que não pode ser unido.

Agradecer: Por Deus cuidar de nossos relacionamentos mais íntimos e importantes.

Pedir a Deus: Ó Pai justo, peço que meu filho não se una a descrentes e que pergunte: O que têm em comum a justiça e a maldade? Ou que comunhão pode ter a luz com as trevas? Pai, nunca é cedo demais para que eu ore pela escolha que meu filho fará de uma parceira. Rogo que ele não ouça as mentiras do Inimigo e, em vez disso, espere por uma esposa que ame a ti com todo o seu coração, alma, mente e força, e que ame o próximo como ama a si própria. Ajuda-o a ver quanta mágoa e dor resultarão caso ele ignore tua ordem e siga o próprio caminho. Altíssimo Deus, Comandante das hostes celestes, envia-lhe anjos como guias espirituais para guardá-lo. Guia seus passos nessa decisão tão importante. Abençoa-o com uma noiva de tua escolha para que juntos possam servir-te e criar filhos abençoados para tua glória. Em nome de Jesus, amém.

Lembrar: Deus é nosso santo Pai e fidedigno, que deseja o que é melhor para nós.

53

Afastar-se da luxúria

Fiz acordo com os meus olhos de não olhar com cobiça para as moças.
(Jó 31:1)

Louvar a Deus: Exalte a santidade de Deus.

Confessar: Qualquer tendência a olhar para os outros com luxúria e não com o respeito e a pureza que Deus deseja.

Agradecer: Por Deus desejar que cada pessoa que criou seja respeitada, honrada e protegida.

Pedir a Deus: Ó Senhor, santo e soberano, oro para que meu filho faça um pacto com seus olhos a fim de que eles não olhem com luxúria para uma mulher jovem. Que ele possa estar de acordo contigo em não olhar com luxúria as mulheres que tu, com tanto amor, criaste a tua imagem. Dá-lhe forças por intermédio de teu Espírito Santo para não se render à escuridão de suas paixões luxuriosas. Conduz o coração dele para Jesus, e não para seus desejos carnais e egoístas. Faz com que ele mantenha a mente inabalável na pureza, renovando-a em tua Palavra a cada dia. Que ele se mantenha firme perante a tua vontade. Preserva sua vida em retidão. Para tua glória, que ele te seja fiel, em nome de Jesus, amém.

Lembrar: Deus é santo e puro de todas as maneiras.

54

Salvando-se da pornografia

Assentaram-se nas trevas e na sombra mortal, aflitos, acorrentados, pois se rebelaram contra as palavras de Deus e desprezaram os desígnios do Altíssimo. Na sua aflição, clamaram ao SENHOR, e ele os salvou da tribulação em que se encontravam. Ele os tirou das trevas e da sombra mortal, e quebrou as correntes que os prendiam.

(Salmos 107:10-11, 13-14)

Louvar a Deus: Que é nosso libertador.

Confessar: Qualquer tendência a caminhar para a escuridão, e não para a luz dos caminhos de Deus.

Agradecer: Pelo grande poder de Deus para nos libertar e nos salvar.

Pedir a Deus: Meu grande Libertador, rogo em desespero por meu filho. Ele está na escuridão e na mais profunda tristeza, um prisioneiro que sofre em correntes de ferro, por ter se rebelado contra tuas palavras e desprezado os teus conselhos. Como ele pede por ti em sua aflição, salva-o de sua angústia. Tira-o da escuridão e da tristeza. Quebra as correntes que o prendem. Ó Senhor, meu filho foi apanhado na teia da pornografia. Salva-o desse mal. Quebra esse reduto. Ergue-o do poço lamacento e coloca-o de pé na Rocha de Jesus. Espírito Santo, peço que tua persuasão toque profundamente o seu coração, e que ele veja seu pecado como eu vejo. Conduze-o ao arrependimento. E, quando ele tiver voltado para ti, que seja uma luz para outros apanhados nessa teia escura, por amor a ti. Em nome de Jesus, amém.

Lembrar: Deus é nosso Redentor, que nos liberta da escuridão do pecado.

55

O arrependimento leva à restauração

Assim respondeu o SENHOR: *Se você se arrepender, eu o restaurarei para que possa me servir [...].*

(*Jeremias 15:19*)

Louvar a Deus: Porque ele restaura.

Confessar: Qualquer dúvida de que Deus seja fiel em me perdoar e em me restaurar quando eu me arrependo.

Agradecer: Porque Deus, ao perdoar, esquece meus pecados.

Pedir a Deus: Ó amado Pai, restaura e consola meu filho com tua promessa de que, se ele se arrepender, tu o restaurarás para que te sirva. Pai, sabes que ele se arrependeu sinceramente. Que ele possa, por tua graça, crer no teu perdão imediata e plenamente. Por favor, ajuda-o agora a perdoar-se a si próprio, e peço-te que restaures nele a alegria de sua salvação. Remove seu medo de não poder mais te servir no trabalho de teu reino por causa de seu pecado. Dá-lhe fé para acreditar que cuidarás até disso para sempre, para tua glória e em apoio a teu reino. Em nome de Jesus, amém.

Lembrar: Nosso Deus misericordioso nos perdoa completamente e restaura plenamente.

56

Tendo confiança na força de Cristo

Tudo posso naquele que me fortalece.

(Filipenses 4:13)

Louvar a Deus: Que é autossuficiente.

Confessar: Alguma falta de dependência da suficiência de Cristo.

Agradecer: A Deus, por nos ter fortalecido para e em todas as coisas.

Pedir a Deus: Todo-suficiente, peço-te que faças minha filha acreditar que ela tem força para todas as coisas em Cristo e que tu lhe dás esse poder. Ela está pronta para qualquer coisa e está capacitada para todas as coisas por meio de ti, que lhe infundes força interior. Ela é autossuficiente na suficiência de Cristo. Que ela possa audaciosamente enfrentar cada dificuldade com a segurança confiante de que tu és suficiente para equipá-la a fim de realizar bem o trabalho. Que ela não se vanglorie nem seja arrogante quando for bem-sucedida e imediatamente te dê a glória pelos seus feitos. Que ela não viva com medo, dúvidas de si própria ou insegura, e que seja confiante por ter um Pai todo-suficiente, que lhe proporciona tudo de que necessita. Em nome de Jesus, amém.

Lembrar: Deus é nosso poder, força e esperança.

57

O desejo zeloso de Deus pelos relacionamentos pessoais

Nunca adore nenhum outro deus, porque o SENHOR, cujo nome é Zeloso, é de fato Deus zeloso.

(Êxodo 34:14)

Louvar a Deus: Por seu amor zeloso.

Confessar: Alguma perda de desejo ou de compromisso com uma profunda relação com Deus.

Agradecer: Por Deus todo-poderoso desejar um relacionamento pessoal com cada um de nós.

Pedir a Deus: Ó Pai zeloso e amoroso, peço-te que minha filha não adore outros deuses, mas somente a ti, porque és um Deus que zela por tua relação com ela. Dá-lhe o anseio de desenvolver uma relação forte, amorosa, calorosa e próxima contigo. Que tu sejas para ela o companheiro número um. Que ela te procure com frequência porque tem um desejo insaciável por ouvir tua voz, conhecer teu coração e seguir teus caminhos. Ajuda-a a compreender que pode compartilhar qualquer coisa contigo: alegrias, tristezas, preocupações e interesses. Que ela se sinta altamente valorizada ao saber que desejas apaixonadamente uma relação com ela. Que a intimidade contigo elimine qualquer tentação a buscar outros deuses. Em nome de Jesus, amém.

Lembrar: Deus anseia por ser nosso Pai pessoal, nosso amigo e companheiro.

58

Emoções que afetam a saúde física

O coração em paz dá vida ao corpo, mas a inveja apodrece os ossos.
(Provérbios 14:30)

Louvar a Deus: Que é nosso protetor.

Confessar: Alguma tolerância com emoções destrutivas, como a inveja, o ciúme ou a ira.

Agradecer: A Deus, que nos adverte contra o risco pessoal de andarmos nas trevas.

Pedir a Deus: Ó Deus que nos protege, peço que meu filho tenha uma mente e um coração calmos e imperturbáveis para garantir a saúde de seu corpo. Oro para que ele não permita que a inveja, o ciúme e a ira encontrem abrigo em seu coração, pois destroem os ossos. Peço para ele ter uma mente saudável, cheia da sabedoria e do conhecimento que vêm de ti. Que ele seja cuidadoso em não cultivar pensamentos de inveja ou ambição sobre aquilo que os outros possuem. Peço que ele se empenhe em proteger sua mente contra sentimentos de inveja da aparência, das posses ou dos talentos alheios. Mostra-lhe que a tolerância com tais emoções leva apenas a queixas, descontentamentos, a uma vida sem alegria. Oro para que meu filho tenha um coração grato, satisfeito e tranquilo, uma mente serena. Que mantenha a raiva e o ressentimento longe dele a fim de que viva uma vida saudável para seu corpo e espírito. Em nome de Jesus, amém.

Lembrar: Deus é nosso protetor — o doador da vida, da paz e da saúde.

59

A aceitação da crítica construtiva

Fira-me o justo com amor leal e me repreenda, mas não perfume a minha cabeça o óleo do ímpio, pois a minha oração é contra as práticas dos malfeitores.

(Salmos 141:5)

Louvar a Deus: Por sua benignidade.

Confessar: Qualquer ressentimento ou rejeição a uma advertência carinhosa.

Agradecer: A repreensão carinhosa de Deus, que nos leva à retidão.

Pedir a Deus: Ó amantíssimo e bondoso Senhor, deixa o justo repreender meu filho com bondade e admoestá-lo. Isso é óleo sobre sua cabeça. Que ele não recuse a repreensão e aprenda com ela. Que encare com seriedade a crítica bondosa e construtiva que chegar a ele. Ajuda-o a ouvir com um coração receptivo, sem tentar justificar-se, acusar alguém ou dar desculpas. Se suas ofensas requerem perdão, peço que ele se humilhe e se arrependa. Que possa reconhecer a repreensão como uma benção espiritual motivada por teu grande amor e que a aceite com alegria. Em nome de Jesus, amém.

Lembrar: Em sua benignidade, Deus nos conduz com justiça.

60

Para ser uma pessoa que fala a verdade

Portanto, cada um de vocês deve abandonar a mentira e falar a verdade ao seu próximo, pois todos somos membros de um mesmo corpo.
(Efésios 4:25)

Louvar a Deus: Por ele ser a verdade.

Confessar: Quaisquer falsidades nos relacionamentos com os outros.

Agradecer: Podermos confiar em nosso Deus amoroso, que sempre é verdadeiro conosco.

Pedir a Deus: Deus de toda a verdade, eu te imploro ajuda para que minha filha abandone toda a falsidade e conte aos outros sempre a verdade. Senhor, se ela contar alguma mentira, que seja descoberta e não se saia bem. Quando for acusada de uma mentira, que seja humilde e se arrependa de todo o coração. Que possa imediatamente pedir perdão a ti e aos outros. Quando for tentada a mentir, por favor, dá-lhe forças por intermédio de teu Espírito Santo para que fale a verdade e que se espelhe em ti. Peço que ela descubra que a alegria de uma consciência pura e da amizade restaurada vale o preço de contar a verdade. Que ela possa ser vista como alguém em quem se pode confiar porque fala a verdade com a sinceridade no coração. Em nome de Jesus, amém.

Lembrar: Deus é verdadeiro em todas as suas relações e quer que caminhemos sempre com sua verdade.

61

Esperança para a depressão

Por que você está assim tão triste, ó minha alma? Por que está assim tão perturbada dentro de mim? Ponha a sua esperança em Deus! Pois ainda o louvarei; ele é o meu Salvador e o meu Deus.

(Salmos 42:11)

Louvar a Deus: Porque ele é o Deus de toda a esperança.

Confessar: Alguma dúvida do amor de Deus e de seu cuidado conosco.

Agradecer: Porque Deus nos salva de todo o mal e nos dá esperança para a vida sobre a terra e na eternidade.

Pedir a Deus: Deus de toda a esperança, imploro por minha filha que sofre de depressão. Dentro dela, sua alma está abatida e perturbada. Oro para que ela deposite sua esperança em ti. Que ela te louve, seu Salvador e seu Deus. Pai, vê-la em tal escuridão parte meu coração e me assusta. Cada dia é uma batalha. Ela se sente tão desesperançada, mas quer tanto ser saudável e vigorosa. Dá-lhe resistência para prosseguir. Concede-lhe fé para crer que teus planos para ela são bons. Por tua graça, que ela possa sentir teu amor. Rogo por tua misericórdia para curar minha filha e dar-lhe um coração cheio de esperança. Dá-me sabedoria para saber como ajudá-la e concede-me força e coragem para fazê-lo. Prometeste que, se colocássemos nossa esperança em ti, não nos desapontaríamos. Mantém-nos buscando a esperança em ti. Em nome de Jesus, amém.

Lembrar: Deus é nosso Salvador e nossa esperança.

62

Convivendo com a doença mental

Lancem sobre ele toda a sua ansiedade, porque ele tem cuidado de vocês.
(1Pedro 5:7)

Louvar a Deus: Por cuidar de nós.

Confessar: As ocasiões em que a ansiedade e o medo me fizeram esquecer que Deus cuida de mim.

Agradecer: Por meu carinhoso Deus me lembrar de lhe passar meu fardo para que eu possa receber sua paz.

Pedir a Deus: Meu Deus, bendito e carinhoso, oro para que meu filho lance toda sua ansiedade sobre ti, porque cuidas dele. Sabes, Pai, da dificuldade que tivemos para diagnosticar e tratar sua doença mental. Apelo por ti para que o cures e lhe concedas uma mente sã. Por misericórdia, leva-nos aos médicos competentes. Dá-lhes a sabedoria para encontrar a melhor forma de tratamento. Pai, tu vês o tormento que meu filho sofre diariamente. Sabes quão atemorizado e agitado ele se torna. Mesmo durante os momentos mais difíceis, oro para que o faças conhecer a maravilhosa verdade de que tu o amas pessoalmente, cuidas dele com empenho e nunca crias nada que seja um erro. Por favor, ouve os pedidos de ajuda ditos ou não ditos por ele. Dá-lhe a certeza de que o estás ouvindo. Que eu seja sensível às ocasiões em que posso oferecer esperança, compartilhando tuas promessas com ele. Quando estou exaurida pela ansiedade, ajuda-me a lançar minha inquietação para ti e a acreditar que tua perfeita vontade e teus propósitos se cumprirão na vida de meu filho. Em nome de Jesus, amém.

Lembrar: Deus cuida profundamente de nós em nosso sofrimento.

63

Superando a vergonha do abuso

Mas tu, SENHOR, és o escudo que me protege; és a minha glória e me fazes andar de cabeça erguida.

(Salmos 3:3)

Louvar a Deus: Que é nosso escudo.

Confessar: As ocasiões em que vergonha e culpa se apossaram de mim, fazendo-me esquecer o perdão do Salvador na cruz.

Agradecer: A Deus, que nos protege pelo poder de seu glorioso amor para que possamos caminhar confiantes.

Pedir a Deus: Ó Senhor, meu escudo, oro para que sejas um escudo também para minha filha, que sejas sua glória e aquele que ergue sua cabeça. Protege-a para que não caia em pensamentos sombrios de culpa por causa do abuso que sofreu. Faze-a lembrar-se sempre de que não foi culpada do que aconteceu. Ergue a cabeça dela acima dessas lembranças dolorosas. Mostra-lhe repetidamente tua glória, transformando sua vergonha em redenção, para que ela consiga erguer a cabeça como uma vencedora. Pelo poder de teu amor redentor, que ela compreenda e celebre sua pureza como tua filha bem-amada. Em nome de Jesus, amém.

Lembrar: Não importa quão vergonhosas sejam as lembranças que carregamos conosco, Deus é nosso escudo protetor e deseja nos levantar.

64

Resistência em doenças prolongadas

O SENHOR o susterá em seu leito de enfermidade, e da doença o restaurará.
(Salmos 41:3)

Louvar a Deus: Que ampara.

Confessar: Qualquer dúvida do cuidado amoroso de Deus ou de seu poder de nos curar das doenças.

Agradecer: Por Deus nos assistir e nos amparar quando estamos doentes.

Pedir a Deus: Deus sustentador, peço-te que ampares meu filho em seu leito de doente. Por favor, restaura sua saúde. Jesus, ao longo de teu ministério sobre a terra, provaste que tu mesmo eras Deus por meio de tuas curas. És o Deus todo-poderoso e nada é impossível para ti. Creio que irás restabelecer a saúde e a força de meu filho. Ele está sofrendo de uma doença longa e penosa. Está fraco e cansado de lutar. Por favor, dá-lhe força e coragem para resistir a essa doença. Que ele reconheça uma sensação especial em sua proximidade e em seu amor, eliminando seus temores. Agradeço-te por teu amor e por tua misericórdia curativa. Em nome de Jesus, amém.

Lembrar: Deus, com misericórdia e amor, nos sustenta.

65

Com medo de dormir ou incapaz de dormir

Em paz me deito e logo adormeço, pois só tu, Senhor, me fazes viver em segurança.

(Salmos 4:8)

Louvar a Deus: Que é nosso protetor.

Confessar: Alguma ocasião em que duvidou da vigilância e do cuidado protetor de Deus.

Agradecer: Por Deus, nosso protetor, ser enérgico em seu poder e manso em seu espírito, levando a mente de minha filha do medo para a fé.

Pedir a Deus: Todo-poderoso Protetor, que minha filha possa deitar-se em paz e adormecer, porque só tu, Senhor, a mantêns a salvo. Dá-lhe, por favor, a segurança tranquila de que nada tem a temer, porque estás com ela e tens o poder de mantê-la a salvo durante a noite. Peço-te que envies teus anjos para acalmar seu coração e seu corpo, permitindo-lhe dormir sem demora e pela manhã acordar bem-disposta. Que tua Palavra possa confortá-la e levar paz a seu coração antes de deitar-se. Concede-me força, paciência amorosa e ideias criativas para ajudá-la nesta fase de medo. Em nome de Jesus, amém.

Lembrar: Deus é nosso protetor, aquele que oferece segurança, paz e repouso a seus filhos.

66

Sejam corajosos! Deus nunca abandona aqueles que lhe pertencem

> Sejam fortes e corajosos. Não tenham medo nem fiquem apavorados por causa delas, pois o SENHOR, o seu Deus, vai com vocês; nunca os deixará, nunca os abandonará.
>
> (Deuteronômio 31:6)

Louvar a Deus: O Supremo Pastor.

Confessar: Qualquer falta de confiança da presença de Deus em mim.

Agradecer: Por Deus ser nosso Pastor e ir conosco, dando-nos força e coragem para enfrentar o que vier pela frente.

Pedir a Deus: Ó Senhor, meu Pastor, peço que meu filho seja forte e corajoso. Que ele não tenha medo ou temor, pois tu, Senhor, o acompanhas. Que sempre saiba que não o deixarás nem o abandonarás. Oro para que ele se mantenha firme e destemido na verdade de que sua salvação foi determinada pelo Espírito Santo no momento em que abriu seu coração para ti. Dá-lhe a segurança de que, não importa onde estiver, estás com ele e estarás em todo o caminho para o céu. Que ele possa compreender que, se precisar de ajuda, estarás ali. Se precisar de autocontrole, estarás ali. Se precisar de perdão, estarás ali. Que ele possa se manter confiante em qualquer situação, porque estás presente. Em nome de Jesus, amém.

Lembrar: Deus, nosso Supremo Pastor, nunca nos deixa sozinhos.

67

Um apelo por uma cura milagrosa

Ao aproximar-se Jesus de Jericó, um homem cego estava sentado à beira do caminho, pedindo esmola. Então ele se pôs a gritar: "Jesus, filho de Davi, tem misericórdia de mim!" Jesus parou e ordenou que o homem lhe fosse trazido. Quando ele chegou perto, Jesus perguntou-lhe: "O que você quer que eu lhe faça?" "Senhor, eu quero ver", respondeu ele. Jesus lhe disse: "Recupere a visão! A sua fé o curou." Imediatamente ele recuperou a visão; e seguia a Jesus glorificando a Deus. Quando todo o povo viu isso, deu louvores a Deus.

(Lucas 18:35, 38, 40-43)

Louvar a Deus: Aquele que nos cura.

Confessar: Qualquer dúvida no poder de Deus para fazer aquilo que é impossível para nós.

Agradecer: Por Deus ser tão poderoso que realiza milagres.

Pedir a Deus: Deus onipotente que curas, quando Jesus perguntou ao cego que o chamava à beira da estrada, "O que você quer que eu lhe faça?", o homem disse: "Senhor, eu quero ver." E tu o curaste. Pai, da mesma forma, imploro por tua misericórdia para minha filha. Assim como o cego não podia encontrar cura com os médicos daquele tempo, os médicos não encontram cura para minha filha. Assim, ouso vir diante de ti com minha súplica: desejo que cures minha filha para tua glória. Que sua saúde possa ser restaurada para que ela te siga, louvando teu nome. Tu és o mesmo, ontem, hoje e para sempre, e acredito que és capaz de curar se for este teu plano e tua vontade. Em nome de Jesus, amém.

Lembrar: Nada é difícil demais para nosso Deus, que é capaz de curar.

68

Confiando na fidelidade de Deus

Todavia, lembro-me também do que pode dar-me esperança: Graças ao grande amor do SENHOR é que não somos consumidos, pois as suas misericórdias são inesgotáveis. Renovam-se cada manhã; grande é a sua fidelidade!

(Lamentações 3:21-23)

Louvar a Deus: Que é grande em fidelidade.

Confessar: As ocasiões em que perdeu a esperança por não acreditar na fidelidade de Deus.

Agradecer: Lembrando como Deus nos tem sido fiel todos os dias.

Pedir a Deus: Ó Pai fiel, peço-te que minha filha guarde isto em mente e assim tenha sempre esperança: "pois as suas misericórdias são inesgotáveis. Renovam-se cada manhã; grande é a sua fidelidade!" Pai, minha filha está passando por um período difícil, inquietante. Peço-te que a faças manter os olhos em ti e a lembres de que lhe prometeste renovar tua misericórdia a cada dia. Que ela possa também sentir tua paz, confiante de que, não importa aonde a vida a leve, tua compaixão é mais do que adequada para atender a todas as suas necessidades. Por favor, dá-lhe forças quando estiver fraca, sabedoria quando estiver confusa e coragem quando tiver medo. Com o coração cheio de esperança, aguardo para ver a manifestação de tua misericórdia e compaixão sobre a vida dela. Em nome de Jesus, amém.

Lembrar: Deus é fiel. Suas promessas são certas.

69

Para manter com Deus um compromisso total

Pois os olhos do SENHOR estão atentos sobre toda a terra para fortalecer aqueles que lhe dedicam totalmente o coração. Nisso você cometeu uma loucura. De agora em diante terás que enfrentar guerras.

(2Crônicas 16:9)

Louvar a Deus: Que é onisciente.

Confessar: As ocasiões em que pensamos que o caminho com Deus caía só sobre nossos ombros e nos sentimos fracos demais ou cansados para cumprir nosso compromisso com ele.

Agradecer: Por Deus nos dar toda a força de que precisamos para fazer o que nos pede.

Pedir a Deus: Pai onisciente, peço-te que meu filho se sinta encorajado sabendo que, ao percorrer com teus olhos o mundo inteiro, tu fortalecerás seu coração, pois ele está totalmente comprometido contigo. Senhor, cultiva o coração de meu filho para que ele possa se conservar fiel, servindo-te por motivos puros. Que possa viver com a confiança de que lhe fornecerás toda a força de que precisa — corpo, alma, mente e espírito — para cumprir o compromisso feito contigo. Durante períodos de dificuldade, dolorosos ou de solidão, peço-te que o fortaleças com teu poder glorioso para que ele prossiga, decidido a permanecer comprometido contigo a despeito de tudo. Que possa, dia a dia, comprometer-se a servir ao Salvador que ama. Em nome de Jesus, amém.

Lembrar: Nosso Deus onisciente zela e fortalece aqueles que estão totalmente comprometidos com ele.

70

A salvo em nome do Senhor

O nome do Senhor é uma torre forte; os justos correm para ela e estão seguros.

(Provérbios 18:10)

Louvar a Deus: Por ser uma torre forte.

Confessar: As ocasiões em que não valorizamos e honramos o poderoso nome do Senhor.

Agradecer: Porque o poderoso nome do Senhor nos envolve, protegendo-nos contra todo o mal.

Pedir a Deus: Ó Deus, minha torre forte, peço que minha filha confie que teu nome é sua torre forte; como tua filha digna, pode correr até lá e ficar a salvo. Senhor, ela precisa de tua proteção. Ela se sente ameaçada espiritualmente, quase como se estivesse sendo espreitada por uma presença sombria que procura feri-la. Oro para que, durante esse período de medo, pânico, preocupação e perturbação, sua reação imediata seja apelar a teu nome poderoso por ajuda. Que seu primeiro instinto seja correr — não andar — para tua torre forte de segurança, na qual todos os teus nomes, atributos e características estão presentes. Que ela possa encontrar um doce consolo na confiança em seu Deus, que é capaz de mantê-la guardada e protegida de todas as ameaças do Inimigo. Senhor, manifesta tua natureza a minha filha neste seu tempo de necessidade, proporcionando coragem em sua jornada, paz em seu coração, bálsamo para seus ferimentos e descanso para sua alma extenuada. Que ela proclame quanto é bom estar perto de Deus, porque fez de ti, Senhor soberano, seu refúgio. Em nome de Jesus, amém,

Lembrar: A autoridade do poder de Deus nunca nos faltará.

71

Fortalecidos pelo cinturão da verdade

Assim, mantenham-se firmes, cingindo-se com o cinto da verdade, vestindo a couraça da justiça.

(Efésios 6:14)

Louvar a Deus: Que é imutável.

Confessar: Qualquer oscilação da minha fé quanto à verdade da Palavra de Deus e da minha salvação por intermédio de Cristo.

Agradecer: Por esta poderosa e imutável verdade: Jesus é o caminho, a verdade e a vida.

Pedir a Deus: Meu Deus imutável, que és sempre o mesmo, peço que meu filho se mantenha firme, com o cinturão da verdade afivelado à cintura. Quando se sentir desencorajado, derrotado, deprimido ou desamparado, que possa lembrar que Jesus é o caminho, a verdade e a vida. Dá-lhe uma fé inabalável durante esses períodos de fraqueza para lembrar que Jesus — que veio à terra para salvar os pecadores com sua morte e sua ressurreição, com isso alcançando a vitória sobre Satanás — vive em seu coração. Concede-lhe a segurança de que, pelo poder de Cristo em sua vida, ele está preparado para enfrentar seja o que for que o Inimigo traz. No auge da batalha, arma-o com o cinturão de tua verdade. E que ele cresça em luz espiritual para ver que Jesus se manifesta como verdade pelo poder de tua Palavra. Em nome de Jesus, amém.

Lembrar: Deus é imutável. Ele é o caminho, a verdade e a vida.

72

Fortaleça-se com a justiça de Deus

Assim, mantenham-se firmes, cingindo-se com o cinto da verdade, vestindo a couraça da justiça.

(Efésios 6:14)

Louvar a Deus: Porque ele é nossa justiça.

Confessar: Algum falso atrevimento ou vaidade que possamos ter em nosso autojuízo.

Agradecer: Por Jesus ter descido do céu e se entregado para ser minha justiça

Pedir a Deus: Ó Senhor, bendito e justo, imploro para que minha filha mantenha-se firme com a couraça da justiça em seu peito. Oro para que ela acredite sem sombra de dúvida que a recebeu no momento em que aceitou Cristo como seu Senhor e Salvador. Pai, quando ela estiver lutando contra suas falhas e deficiências como cristã, protege seu coração contra as mentiras do Inimigo de que não a amas e não perdoarás seus pecados. Cultiva no coração dela a verdade de que, pela vitória de Cristo na cruz, ela se tornou santa para ti. Dá-lhe a bendita certeza de que Jesus é sua justiça e de que ela é uma filha do Rei. Que ela possa responder aos ataques do Inimigo lembrando-se de que usa a couraça da justiça e de que resiste não por seus próprios méritos, mas pelo mérito de Cristo, seu Senhor. Que ela possa prosseguir com retidão em todos os teus caminhos. Em nome de Jesus, amém.

Lembrar: Deus é nossa justiça, e nenhum poder pode suplantar a ele.

73

Mantenha-se firme em paz

Assim, mantenham-se firmes, cingindo-se com o cinto da verdade, vestindo a couraça da justiça e tendo os pés calçados com a prontidão do evangelho da paz.

(Efésios 6:14-15)

Louvar a Deus: Que é o Príncipe da Paz.

Confessar: As ocasiões em que temores momentâneos roubaram sua paz.

Agradecer: Por Deus, o Príncipe da Paz, ter-lhe dado uma paz que vai além de todo o entendimento.

Pedir a Deus: Príncipe da Paz, peço que meu filho se mantenha firme, com os pés calçados com a presteza que vem do evangelho da paz. Que compreenda isto: ele está em paz com seu Pai celestial ao aceitar Cristo. Implanta esta verdade em seu coração: seja o que enfrentar, serás o guerreiro à sua mão direita, pronto para dar-lhe força, coragem, esperança e proteção na batalha. Mantém os pés dele firmes sobre a verdade de tua Palavra e de quem tu és. Quando ele estiver ansioso e aflito, ajuda-o a lançar sobre ti cada uma de suas preocupações para que possa sentir a tua paz, que transmite toda a compreensão. Ó Pai, não há maior alegria do que saber que meu filho fez as pazes contigo. Agora, por favor, preserva seu coração e sua mente, e guia seus pés para outros, aos quais possa contar a paz eterna que encontrou em teu Filho, Jesus Cristo. Em nome de Jesus, amém.

Lembrar: Deus é o Príncipe da Paz, que nos oferece paz eterna.

74

Como segurar o escudo da fé

Além disso, usem o escudo da fé, com o qual vocês poderão apagar todas as setas inflamadas do Maligno.

(Efésios 6:16)

Louvar a Deus: Que é nosso escudo da fé.

Confessar: Qualquer hesitação em usar o escudo da fé contra os ataques de Satanás.

Agradecer: Por Deus ter me dado seu incrível escudo da fé para proteger meu coração contra as mentiras do Inimigo.

Pedir a Deus: Ó Deus, meu escudo, peço-te que meu filho pegue seu escudo da fé, com o qual poderá extinguir todas as flechas de fogo do Maligno. Quando as flechas de Satanás voarem rápidas sobre ele, fortalece-o para que pegue teu escudo para poder se defender de qualquer ataque. Ajuda-o a compreender que as flechas do inimigo são bem reais e investem contra seu caráter e sua fé. No meio das batalhas que enfrenta, que ele aprenda a não confiar apenas em si próprio, mas a contar de todo o coração contigo para protegê-lo das mentiras e tentações que Satanás lança sobre ele. Que meu filho possa sempre estar pronto para brandir teu escudo e arrojadamente declarar sua fé em ti. Oro para que, ao usar essa arma poderosa, ele cresça em fé inabalável. Em nome de Jesus, amém.

Lembrar: Deus é nosso escudo e nos protege das flechas em fogo de Satanás quando declaramos nossa fé.

75

Coloque o capacete da salvação

Usem o capacete da salvação [...] que é a palavra de Deus.

(Efésios 6:17)

Louvar a Deus: Que é nosso Salvador.

Confessar: As ocasiões em que incorri em pensamentos errados em vez de deixar meus pensamentos cativos da obediência a Cristo.

Agradecer: Pelo trabalho salvador de Cristo na cruz, que nos livrou de sermos escravizados pelos maus pensamentos do Inimigo.

Pedir a Deus: Ó Senhor, meu Salvador, peço que minha filha coloque o capacete da salvação para proteger-se na batalha espiritual por sua mente. Ajusta firmemente a verdade de sua salvação em sua mente. Quando Satanás atacar sua mente com dúvidas, medos e acusações, ajuda-a a lembrar que ela está em Cristo e que Cristo está nela. Por sua graça, dá-lhe insaciável desejo de renovar a cada dia sua mente pelo poder transformador de tua Palavra e a submeter cada pensamento à obediência a Cristo para não ser desarmada pelo caos à sua volta. Rogo para que a protejas de maus pensamentos, ideias confusas e de todo o mal que disputa sua mente. Que ela submeta, dia a dia, sua mente, vontade e emoções à autoridade de teu Espírito até o dia da volta de Jesus. Em nome de Jesus, amém.

Lembrar: Nosso Deus e Salvador nos deu sua Palavra para renovar nossas mentes.

76

Nossa arma para a batalha: a espada do Espírito

Usem [...] a espada do Espírito, que é a palavra de Deus.

(Efésios 6:17)

Louvar a Deus: Que é a Palavra.

Confessar: As vezes que vacilei em minha fé por não confiar plenamente na Palavra de Deus.

Agradecer: Por Deus nos proteger contra todo o mal pela autoridade do poder de sua Palavra.

Pedir a Deus: Ó Palavra poderosa, peço que meu filho empunhe a espada do Espírito, que é a Palavra de Deus. Que ele tenha confiança de que tua Palavra é ao mesmo tempo uma arma espiritual ofensiva e defensiva, infinitamente mais poderosa que qualquer das armas de Satanás. Ajuda-o a manejar tua Palavra pela fé no nome de Jesus. Que tua Palavra poderosa, eficaz e instrutiva o nutra com abundância, tornando-o forte para as batalhas verdadeiras que encontrará a cada dia. Imploro-te por meu filho para que ele seja um homem da Palavra, que proclama e defende a verdade. Protege-o contra tudo que possa afastá-lo da leitura e da obediência à tua Palavra. Que tuas palavras sejam para ele mais preciosas do que o ouro e que ele medite sobre elas dia e noite a fim de estar preparado para lutar pelo reino de Deus. Em nome de Jesus, amém.

Lembrar: Deus, nosso Rei, criou-nos à sua imagem para sua glória.

77

Desenvolvendo o autocontrole

Mas o fruto do Espírito é [...] [o] domínio próprio.

(Gálatas 5:22-23)

Louvar a Deus: Porque ele é paciente.

Confessar: Qualquer tendência a perder o controle na palavra e na ação.

Agradecer: Por Deus ter enviado seu Espírito para nos ajudar a caminhar na fé.

Pedir a Deus: Pai tão paciente, peço-te que meu filho seja conduzido ao Espírito Santo para exibir o fruto do domínio próprio em sua vida. Garante-lhe a autodisciplina de que ele tanto precisa para se refrear. Ó Senhor, pelo poder de teu Espírito Santo, dá-lhe a presença de espírito para deter-se quando for tentado a exagerar em suas palavras ou vontades. Impede-o de perder o controle, e ajuda-o a ouvir e compreender um raciocínio equilibrado. Que ele reconheça suas ações descontroladas como pecado e peça perdão. Dá-lhe fé para crer que, ao pedir tua ajuda, ele a receberá com toda a certeza. Senhor, preciso de tua sabedoria para saber como colaborar com teu Espírito para educá-lo e modelá-lo de modo que desenvolva o autocontrole. Em nome de Jesus, amém.

Lembrar: Deus é paciente, bom e amigo em seu trato conosco.

78

Para viver em integridade

Livrem-se, pois, de toda maldade e de todo engano, hipocrisia, inveja e toda espécie de maledicência.

(1Pedro 2:1)

Louvar a Deus: Que é puro.

Confessar: Qualquer desejo de enganar alguém ou má vontade com os outros.

Agradecer: Pois Deus é honesto e fiel, nunca desejando nos ferir.

Pedir a Deus: Ó bendito e puro Deus, oro para que minha filha se livre de qualquer desejo de enganar ou de fingir. Que ela seja pura em seus motivos e confiável em suas ações, não enganando outros ao dar uma falsa impressão ou levando-os a crer em algo que não é verdade. Protege-a do desejo de causar dano físico, verbal ou emocional a outros. Que ela não seja traiçoeira e tente ocultar suas mentiras ou transgressões. Por favor, Senhor, se em alguma ocasião ela pisar na ladeira escorregadia da sedução, que seja apanhada, não importa quanto isso seja doloroso, e reaja com verdadeira repulsa a cada vez, deplorando seu erro. Pai, rogo que ela perceba antecipadamente cada vez que estiver prestes a mentir ou enganar e escolha, em vez disso, tomar o caminho da retidão, honrando-te e obedecendo a tuas ordens. Em nome de Jesus, amém.

Lembrar: Deus é digno de confiança e verdadeiro em todas as coisas.

79

Falando palavras amáveis

Nenhuma palavra torpe saia da boca de vocês, mas apenas a que for útil para edificar os outros, conforme a necessidade, para que conceda graça aos que a ouvem.

(Efésios 4:29)

Louvar a Deus: Que é amável.

Confessar: Qualquer hábito de ceder a conversas mal-intencionadas, que não beneficiam àqueles que as escutam.

Agradecer: A Deus, cujas palavras amáveis e verdadeiras nos chamam para o relacionamento com ele.

Pedir a Deus: Senhor amável, oro para que minha filha não deixe sair de sua boca nenhuma fala mal-intencionada, mas somente o que seja edificante para os outros e atenda às necessidades deles, o que seja benéfico para aqueles que a ouvem. Rogo para que ela reconheça a sabedoria de segurar a língua e fechar a boca para proteger-se de problemas. Concede-lhe um coração generoso e que profere palavras edificantes para auxiliar os outros. Abre seus olhos espirituais para que veja como palavras impensadas podem ferir os outros. Que as pessoas possam ficar encantadas com as palavras emitidas por seus lábios, assim como pelas agradáveis palavras de Jesus. Peço isso em nome de Jesus, amém.

Lembrar: As palavras de Deus são agradáveis, levando-nos a seguir seu caminho íntegro.

80

Compartilhando a luz de Deus por meio de boas obras

Assim brilhe a luz de vocês diante dos homens, para que vejam as suas boas obras e glorifiquem ao Pai de vocês, que está nos céus.

(Mateus 5:16)

Louvar a Deus: Que é a Luz do Mundo.

Confessar: Quaisquer atitudes ou ações que obscurecem a luz de Deus dentro de nós.

Agradecer: Porque Deus nos mostrou a luz de sua salvação.

Pedir a Deus: Querido Deus da luz, que minha filha deixe sua luz brilhar diante dos outros e que eles vejam suas boas obras e elogiem seu Pai no céu. Peço que suas boas ações sejam um testemunho, indicando aos outros que Cristo vive nela. Concede-lhe um coração puro para que sirva aos outros, e não um coração que busca recompensa ou admiração. Que ela não seja compelida a servir por sentir-se pressionada por outros. Dá-lhe a alegria de saber que, mesmo se ninguém mais conhece suas boas ações, tu as conheces e és a recompensa dela. Continua a fazer com que seu coração cresça em amor pelos outros para a glória de Deus. Em nome de Jesus, amém.

Lembrar: Deus é luz, e não há escuridão nele.

81

Conhecido por seu espírito brando

Seja a amabilidade de vocês conhecida por todos. Perto está o Senhor.
(Filipenses 4:5)

Louvar a Deus: Por sua brandura.

Confessar: Alguma tendência a me mostrar áspera, impaciente ou exigente com os outros.

Agradecer: Por Deus ter deixado sua brandura evidente para mim.

Pedir a Deus: Ó meu doce Jesus, rogo que a brandura de meu filho seja evidente para todos. Revela-lhe que um espírito brando é um espírito humilde. Desenvolve nele um coração que seja brando, compassivo e misericordioso em relação às necessidades, erros e falhas dos outros. Que seja gentil e paciente em cada encontro. Ajuda-o a manifestar autocontrole, não se apressando em retaliar, falar com aspereza, intimidar ou vociferar. Que sua fala calma e tranquilizadora conquiste os outros e mostre a eles o doce Jesus que habita nele. Agradeço-te, Jesus, por mostrar tua brandura a nós. Que essa brandura seja evidente em meu coração e minha vida também. Em nome de Jesus eu peço, amém.

Lembrar: Deus é brando, bom e clemente.

82

Liberdade de um julgamento espiritual

Não julguem, para que vocês não sejam julgados. Pois da mesma forma que julgarem, vocês serão julgados; e a medida que usarem, também será usada para medir vocês.

(Mateus 7:1-2)

Louvar a Deus: Porque ele é justo.

Confessar: Qualquer tendência a um julgamento apressado, rigoroso ou cruel contra os outros.

Agradecer: Porque Deus é brando, bondoso e misericordioso em sua justiça.

Pedir a Deus: Ó Deus divino e justo, que meu filho não julgue, porque ele também será julgado. Porque da mesma maneira que julgar os outros, será julgado e, com a mesma medida que usar, será medido. Senhor, peço-te que lhe reveles quando ele mostrar um espírito crítico que leva a julgamentos apressados e negativos dos outros sem conhecimento dos fatos. Ajuda-o a ver que os julgamentos que considera bons são na verdade julgamentos oriundos de um coração arraigado na hipocrisia, na injúria ou na amargura. Censura suas acusações condenatórias. Livra-o de culpar e sentenciar os outros. Concede-lhe a humildade para que possa perdoar e sentir-se livre. Que sua vida demonstre a mesma misericórdia e perdão que mostraste pela dívida que pagaste por ele. Em nome de Jesus, amém.

Lembrar: Deus é justo e amoroso, rápido em perdoar todas as nossas ofensas.

83

Escolhendo as palavras que Deus usaria

Portanto, sejam imitadores de Deus, como filhos amados. Entre vocês não deve haver nem sequer menção de imoralidade sexual nem de qualquer espécie de impureza nem de cobiça; pois estas coisas não são próprias para os santos. Não haja obscenidade nem conversas tolas nem gracejos imorais, que são inconvenientes, mas, ao invés disso, ações de graças.

(Efésios 5:1, 3, 4)

Louvar a Deus: Que santifica.

Confessar: As ocasiões em que fui indulgente com conversas imorais, malvadas ou tolas, ou com brincadeiras grosseiras.

Agradecer: Por Deus oferecer-se a si próprio como fiel exemplo das palavras e pensamentos que lhe são aceitáveis.

Pedir a Deus: Querido Senhor, que santificas, peço que minha filha seja imitadora de ti. Que nenhuma obscenidade, nenhuma conversa tola ou brincadeira grosseira saiam de sua boca e que, em lugar disso, ela agradeça. Protege sua mente contra a linguagem ímpia, cheia das blasfêmias e imprecações que ela ouve na escola, no trabalho, na televisão e em outras mídias. Que ela não participe das brincadeiras sujas, dos insultos sexuais ou das intrigas torpes que feririam os sentimentos ou prejudicariam a reputação de outras pessoas. Ajuda-a a compreender que uma linguagem chula, insultuosa, nunca é aceitável. Que ela possa desejar que as palavras de sua boca e as meditações de seu coração sejam aceitáveis para ti. Em lugar de praguejar, que as bênçãos de agradecimento saiam por sua boca. Em nome de Jesus, amém.

Lembrar: O Senhor, nosso Deus, sacrificou-se por nossa salvação e santificou-nos para sua glória.

84

Vivendo pela regra de ouro

Assim, em tudo, façam aos outros o que vocês querem que eles lhes façam; pois esta é a Lei [...].

(Mateus 7:12)

Louvar a Deus: Porque ele é bom.

Confessar: Quaisquer manifestações de egoísmo em meu relacionamento com os outros.

Agradecer: Por Deus ser tão bom e generoso quanto é.

Pedir a Deus: Ó bondoso Deus, peço que meu filho faça pelos outros aquilo que gostaria que os outros fizessem por ele. Oro para que ele trate os outros como gostaria de ser tratado. Em situações nas quais deseje se destacar, dominar a conversa, ser arrogante ou ter o maior e melhor para si próprio, que ele possa fazer uma pausa para pensar nas necessidades dos outros. Concede-lhe um coração altruísta, que deseja servir aos outros antes do que a si próprio. Que ele possa nada esperar em troca, mas apreciar a satisfação íntima de agradar-te. Continua a desenvolver em seu caráter o hábito de tratar os outros como gostaria que o tratassem. Para tua glória e sua alegria. Em nome de Jesus, amém.

Lembrar: Deus é bom e amoroso em todas as suas relações conosco.

85

Amem seus inimigos

Amem, porém, os seus inimigos, façam-lhes o bem e emprestem a eles, sem esperar receber nada de volta. Então, a recompensa que terão será grande e vocês serão filhos do Altíssimo, porque ele é bondoso para com os ingratos e maus. Sejam misericordiosos, assim como o Pai de vocês é misericordioso.

(Lucas 6:35-36)

Louvar a Deus: Pois ele é misericordioso.

Confessar: As ocasiões em que se recusou a fazer o bem aos que não o mereciam.

Agradecer: Por Deus ser bom, generoso e misericordioso com todos, até mesmo para com os ingratos e malvados.

Pedir a Deus: Ó Pai misericordioso, peço-te que meu filho ame seus inimigos, faça-lhes bem e estenda-lhes a mão sem esperar nada em troca. Então sua recompensa será grande, e ele será um filho do Altíssimo, porque tu és bom com os ingratos e maus. Que meu filho seja misericordioso, assim como tu és. Rogo especialmente que ele seja bondoso e compassivo com a pessoa que mais o tenha enganado. Pai, quando meu filho for tentado a tornar-se vingativo, peço que ele, ao contrário, se volte para a oração e escolha o amor, o perdão, e faça o bem a essa pessoa. Que a bondade de meu filho condene seu inimigo. Abençoa meu filho com a paz, visto que ele obedece a teu comando, e concede-lhe a fé em que tudo se encaminhará para o bem, porque ele escolhe obedecer a ti. Em nome de Jesus, amém.

Lembrar: Deus se deleita com a misericórdia e a bondade.

86

Enfrentando a instabilidade financeira

[...] Aprendi o segredo de viver contente em toda e qualquer situação, seja bem-alimentado, seja com fome, tendo muito, ou passando necessidade.
(Filipenses 4:12)

Louvar a Deus: Que provê.

Confessar: Temores ou descontentamento ao se ver diante de uma crise financeira.

Agradecer: Porque Deus promete nos proporcionar aquilo de que precisamos.

Pedir a Deus: Grande Provedor, peço que minha filha aprenda o segredo de estar contente em toda e qualquer situação, esteja bem-alimentada ou faminta, vivendo na riqueza ou na penúria. A ameaça financeira que enfrentamos como família é dura. Peço que tu a ajudes na transição para um estilo de vida mais humilde. Fortalece sua fé na crença de tua promessa de que proverás a todas as nossas necessidades em conformidade com tua abundância em glória. Proporciona-lhe o desejo de fazer a parte dela para aliviar as obrigações que enfrentamos. Em lugar de colocar o foco naquilo que não tem, que ela possa aprender a se contentar e agradecer as boas coisas que lhe deste. Que possa aprender que, não importando o que a vida nos traz, ela pode levar-te as necessidades que sente e confiar no que lhe proporcionarás. Ajuda-a a aprender a resguardar o coração contra a inveja e a se recusar a ceder às lamentações. Ajuda-me também a confiar em ti na abundância e na carência para que minha filha veja uma mãe grata e satisfeita, qualquer que seja a minha situação. Em nome de Jesus, amém.

Lembrar: Nosso Deus soberano nos abastece!

87

Trabalhar duro e não ter preguiça

Tudo o que fizerem, façam de todo o coração, como para o Senhor, e não para os homens.

(Colossenses 3:23)

Louvar a Deus: Que é nosso Senhor.

Confessar: Alguma queixa ou preguiça em relação ao trabalho que Deus me confiou.

Agradecer: Pelos grandes e poderosos trabalhos feitos pela mão de Deus.

Pedir a Deus: Ó bendito Senhor, oro para que meu filho trabalhe com afinco e alegria em qualquer que seja sua tarefa, como se estivesse trabalhando para ti e não para os homens. Senhor, tu sabes que meu filho luta para não ser preguiçoso. Tu o criaste com tanto potencial, e me entristece vê-lo tomar essa atitude. Ele parece desinteressado, inativo, indolente e desmotivado para cumprir suas responsabilidades, em casa ou na escola. Ó Senhor, por favor, permite que as consequências de suas escolhas erradas sejam tão penosas que ele procure tua ajuda para mudar seu coração. Que ele deixe de se contentar apenas em sobreviver e procure, cada vez mais, alcançar as qualidades da autodisciplina, autocontrole e empenho, para se tornar eficiente, produtivo e entusiasmado em te servir. Em nome de Jesus, amém.

Lembrar: Nosso Senhor Deus trabalha infatigavelmente em nosso favor, preenchendo cada necessidade nossa.

88

Mantenha os seus pés sobre o caminho justo

Veja bem por onde anda, e os seus passos serão seguros. Não se desvie nem para a direita nem para a esquerda; afaste os seus pés da maldade.
(Provérbios 4:26-27)

Louvar a Deus: Que é justo.

Confessar: As ocasiões em que meus pés se desviaram para a direita ou para a esquerda, afastados do caminho correto de Deus.

Agradecer: A Deus, por sua perfeita sabedoria e fidelidade em nos guiar para o caminho da retidão.

Pedir a Deus: Ó Senhor, minha retidão, oro para que meu filho prepare caminhos planos para seus pés e sigam apenas os trajetos firmes. Que ele consiga não se desviar para a direita ou para a esquerda, mas mantenha os pés afastados do mal. Pai, rogo que afastes os pés de meu filho de cinemas onde veria filmes que poderiam contaminar seu coração. Mantém os pés dele distantes de festas que poderiam levá-lo a cair em tentação. Mantém os pés dele longe de encontros com alguém que não seja cristão. Mantém os pés dele longe de altercações físicas. Mantém os pés dele longe de escapar à noite para fazer coisas insensatas. Que ele não se desvie nem para a direita nem para a esquerda, mas firme os pés sobre a base forte, inabalável, imutável de Jesus, que afastará seus passos do mal. Em nome de Jesus, amém.

Lembrar: Deus é o caminho da retidão, e aqueles que forem sábios caminham com ele.

89

Para ter disciplina na busca da santidade

Exercite-se na piedade.

(1Timóteo 4:7)

Louvar a Deus: Que é santo.

Confessar: Alguma falta de compromisso ou de rigor na busca da piedade.

Agradecer: A nosso santo Deus, que se despojou completamente para que pudéssemos nos tornar puros e santos como ele.

Pedir a Deus: Ó santo Deus, peço-te que minha filha se exercite com o propósito da piedade. Assim como um atleta é rigoroso e se sacrifica no treinamento para vencer, peço que minha filha se comprometa no treinamento para os exercícios espirituais. Oro para que ela seja fiel na leitura diária de tua Palavra e na oração. Que sua meta diária seja viver em tua presença e agradar-te em cada pensamento, palavra e ação. Oro para que se cerque de amigos que também sejam disciplinados no desejo de crescer em piedade. Por favor, envia-lhe mentores para ajudá-la a manter-se focalizada e responsável. Pai, suplico que a recompenses com o fruto visível de seu trabalho ao longo do caminho, especialmente durante aquelas etapas em que pensa em desistir. Em nome de Jesus, amém.

Lembrar: Deus é santo, e aqueles que o amam procuram ser como ele.

90

Coma e beba para a glória de Deus

Assim, quer vocês comam, bebam ou façam qualquer outra coisa, façam tudo para a glória de Deus.

(1Coríntios 10:31)

Louvar a Deus: Que é o rei da glória.

Confessar: Qualquer permissividade na comida ou na bebida, ou outros hábitos que mostram pouco caso com o trabalho de nosso Rei, que cuida de nós.

Agradecer: A Deus, nosso Rei, que com benevolência nos abastece para que possamos servi-lo.

Pedir a Deus: Ó bendito Deus da glória, peço-te que meu filho, ao comer, beber ou fazer qualquer outra coisa, faça tudo para tua glória. Ajuda-o, por favor, a crescer desenvolvendo um apetite pela alimentação saudável, que será benéfica para toda a sua vida. Afasta seu gosto por doces, refrigerantes e lanches que privam seu corpo dos nutrientes de que necessita e podem até mesmo causar-lhe doenças. Que suas papilas gustativas apreciem alimentos que tornarão seu corpo forte e saudável. Senhor, preciso também me empenhar nessas orações. Ajuda-me a ser mais objetiva em meu planejamento e a preparar pratos saudáveis. Concede-me alegria e satisfação em arrumar uma mesa com comidas saudáveis e apetitosas, que proporcionam vida e saúde, não a morte, a nossos corpos — tudo isso para tua glória. Em nome de Jesus, amém.

Lembrar: Deus, nosso Rei, nos criou à sua imagem para sua glória.

91

Aprendendo a ser gentil, e não grosseiro

Quem ama não é grosseiro [...].

(1Coríntios 13:5 — NTLH)

Louvar a Deus: Que é gentil.

Confessar: Qualquer palavra, atitude ou comportamento irascível, desrespeitoso, arrogante ou grosseiro em relação aos outros.

Agradecer: A meu Deus amável, que é bondoso, paciente e gentil comigo.

Pedir a Deus: Ó meu Deus tão amável, o verdadeiro amor não é grosseiro. Abre os olhos do coração de minha filha para fazê-la ver que o amor desinteressado nunca é rude. Pai, tu sabes que ela luta contra seu temperamento irritadiço. Quando não consegue o que quer, levanta a voz, se fecha e em geral se comporta mal. Ó Senhor, transforma seu coração egoísta e rude num coração amoroso que se importa com os sentimentos dos outros e é sensível aos desejos deles. Faz com que cresça nela a capacidade de ouvi-los com atenção sem interrompê-los. Que ela possa sentir a alegria de trabalhar junto com outros sem tentar dominá-los. Por favor, concede-lhe sabedoria para compreender que o que a torna bonita é um coração como o teu, que é amoroso, gentil, suave e delicado. Concede-me sabedoria para saber como ajudá-la a ampliar essas qualidades e a copiá-las em meu comportamento também. Em nome de Jesus, amém.

Lembrar: Deus, que nos ama, é sempre delicado em seu relacionamento conosco.

92

Quem ama se abstém de ostentação

O amor [...] não se vangloria, não se orgulha.

(1Coríntios 13:4)

Louvar a Deus: Que é supremo.

Confessar: Qualquer indício de arrogância ou egoísmo que me leve a querer que os outros saibam quanto mereço ser elogiada.

Agradecer: A nosso Deus supremo, que merece todos os nossos elogios, homenagens e glórias.

Pedir a Deus: Ó Deus supremo, oro para que meu filho demonstre um amor desinteressado, sem ostentação. Ajuda-o a ser a pessoa gentil descrita em Provérbios 27:2: "Que outros façam elogios a você, não a sua própria boca; outras pessoas, não os seus próprios lábios." Ajuda-o a perceber que ninguém quer fazer amizade com um fanfarrão. Que ele aprenda a segurar a língua em vez de se vangloriar de seus feitos para que possa sentir a benção de ouvir elogios por parte dos outros — e especialmente de ti, Senhor. Faz aumentar nele um amor que não se vanglorie de si próprio, mas que seja rápido em elogiar os outros. Faz o amor de Cristo refreá-lo da tentação de vangloriar-se. Que ele se vanglorie apenas em ti, Senhor. Em nome de Jesus, amém.

Lembrar: O amor nos compele a nos vangloriarmos em nosso Deus supremo, não em nós mesmos.

93

Proteja seu espírito contra a vaidade

[...] Quem ama não é [...] vaidoso.

(1Coríntios 13:4 — NTLH)

Louvar a Deus: Que é humilde.

Confessar: Todo indício de vaidade ou presunção que se desenvolva em mim às custas dos outros.

Agradecer: O amor de Deus, que transborda com generosidade e humildade.

Pedir a Deus: Ó meu humilde Senhor, peço-te que minha filha compreenda que o amor não é vaidoso. Desenvolve nela um amor que a proteja contra atitudes de altivez e presunção. Ensina-lhe que o amor é modesto e humilde, levando-a a considerar mais aos outros do que a si própria e, intencionalmente, a favorecê-los de modo que ninguém se sinta menos valioso. Rogo que ela não se encha da própria importância com ostentação. Protege-a para que não sofra as consequências penosas encontradas em Provérbios 16:18: "O orgulho vem antes da destruição; o espírito altivo, antes da queda." Produz nela um espírito humilde e amoroso como o teu. Em nome de Jesus, amém.

Lembrar: Deus, nosso humilde Pai, tem amor por tudo o que fez.

94

Nós amamos quando servimos aos outros, não a nós mesmos

O amor [...] não procura seus interesses [...].

(1Coríntios 13:4-5)

Louvar a Deus: Porque ele é um Deus dadivoso.

Confessar: Qualquer tendência a me apossar e a agarrar firmemente as coisas que desejo.

Agradecer: A meu Senhor, os muitos modos pelos quais, com sua generosidade, me abençoou.

Pedir a Deus: Querido Pai dadivoso, peço que minha filha manifeste um amor que não seja egoísta. Que possa parar de lutar para encontrar o próprio caminho pela manipulação ou exigência de seus direitos. Que seu amor se preocupe em servir às necessidades e interesses dos outros quando ouve suas ideias e opiniões. Senhor, liberta-a de tendências narcisistas que afetam negativamente tantas áreas de sua vida, em casa e na escola. Pelo poder de teu Espírito, ensina-lhe, por meio das experiências da vida e de tua Palavra, que o amor te põe em primeiro lugar, os outros em segundo, e ela própria em último. Que ela possa ser um exemplo de teu amor que serve aos outros. Em nome de Jesus, amém.

Lembrar: Nosso Deus dadivoso é nosso exemplo de amor que serve aos outros.

95

Ser controlado pelo amor, não pela ira

O amor [...] não se ira facilmente [...].

(1Coríntios 13:4-5)

Louvar a Deus: Porque ele é clemente.

Confessar: Algum desejo de me deixar levar pela raiva em lugar de mostrar misericórdia.

Agradecer: Pelo coração misericordioso de Deus, que transborda de amor por mim, mesmo quando não mereço.

Pedir a Deus: Ó Pai muito misericordioso, peço que meu filho tenha plena consciência de que é verdade que o amor não se irrita com facilidade. Reprime-o, Espírito Santo, quando ele pretender brigar diante de uma injustiça ou quando os outros não atenderem às suas exigências de imediato. Que ele não seja facilmente provocado por irritações passageiras e escolha demonstrar amor, mesmo estando exasperado. Revela-lhe como as explosões de raiva ferem e magoam o coração das pessoas. Rogo que ele peça perdão e lamente seu pecado de raiva irrefreável para que os relacionamentos partidos da sua vida sejam curados. Assegura-lhe vitória sobre sua ira, quando ele permitir que o Espírito misericordioso e amoroso de Cristo o controle. Em nome de Jesus, amém.

Lembrar: Deus é misericordioso e demora a se zangar.

96

O verdadeiro amor não se deixa escravizar pela falta de perdão

O amor [...] não guarda rancor.

(1Coríntios 13:4-5)

Louvar a Deus: Que destrói a escravidão.

Confessar: As ocasiões em que fiz contagem das mágoas que tive dos outros.

Agradecer: O poderoso amor de Deus, que não só perdoa, como também me liberta da escravidão de meu pecado passado.

Pedir a Deus: Senhor, meu destruidor da escravidão, rogo que minha filha aprenda a amar como tu amas, sem manter uma contagem de erros passados. Peço-te que ela perdoe aqueles que a feriram profundamente. Que possa sempre se lembrar do imenso perdão que Cristo lhe deu na cruz e da promessa dele de esquecer seus pecados. Por tua misericórdia, que minha filha ofereça a mesma graça de perdoar os outros que pecaram contra ela. Dá-lhe capacidade de deixar para trás rancores, amarguras e desejos de vingança e que se recuse a manter a lista das ofensas que lhe fizeram. Ó Pai, por favor, liberta-a da escravidão da falta de perdão. Ajuda-a a deixar tudo isso passar. Pelo poderoso nome de Jesus, amém.

Lembrar: Deus é o destruidor da escravidão, que perdoa completamente e para sempre.

97

O amor se alegra com a verdade, não com o mal

O amor não se alegra com a injustiça, mas se alegra com a verdade.
(1Coríntios 13:6)

Louvar a Deus: Que é a verdade.

Confessar: Qualquer tendência a alegrar-me com o mal ou hesitação em regozijar-me com a verdade.

Agradecer: Porque Deus se alegra com a verdade e cuida para que sigamos seu exemplo.

Pedir a Deus: Ó Deus de toda a verdade, que meu filho não se deleite com o mal, mas se alegre com a verdade. Que ele não encontre prazer em qualquer tipo de mal nem se divertir vendo os outros fazerem desordens ou entregando-se ao pecado. Ensina-lhe que o amor não tem prazer com o mal nem com as transgressões e se regozija sempre que a verdade triunfa. Mostra-lhe que ele está sempre num caminho sólido quando se mantém fiel à verdade de tua Palavra. Não o deixes comprometer-se com ações de outros que violam tuas normas. Garante-lhe uma boa medida de deleite e de alegria a cada vez que uma verdade sair vitoriosa. Em nome de Jesus, amém,

Lembrar: Nosso Deus se regozija apenas com a verdade e abomina o mal.

98

Expressar o amor de Deus utilizando paciência

O amor é paciente [...].

(1Coríntios 13:4)

Louvar a Deus: Porque ele é nosso Pai paciente.

Confessar: Alguma impaciência em minha interação com os demais.

Agradecer: Por ser o amor de Deus sempre paciente, até mesmo quando nosso coração se torna duro e teimoso em nosso relacionamento com ele.

Pedir a Deus: Ó meu Pai muito paciente, peço-te que minha filha sempre expresse teu amor pelos outros com sua paciência. Por favor, concede-lhe em suas relações com outras pessoas a mesma paciência que tens com ela. Espírito Santo, dá-lhe forças para não sucumbir à sua natural impaciência. Nesses momentos de exasperação, que ela possa orar conscientemente para que tu lhe transmitas tua paciência. Que ela possa se manter determinada a não mostrar, por expressões faciais ou palavras bruscas, quando as ações desagradáveis de outras pessoas a ofendem. Deixa-a viver de acordo com Provérbios 19:11: "A sabedoria do homem lhe dá paciência; sua glória é ignorar as ofensas." Que ela consiga superar cada situação por meio de tua paciência amorosa. Em nome de Jesus, amém.

Lembrar: Deus é paciente, gentil e bom ao demonstrar seu amor por nós.

99

Tenha um coração bondoso como o de Jesus

O amor é [...] bondoso [...].

(1Coríntios 13:4)

Louvar a Deus: Que é nosso bondoso Pai.

Confessar: Quaisquer atitudes, pensamentos, palavras ou ações pouco amáveis, humilhantes ou agressivas contra outros.

Agradecer: A Deus, pelas muitas maneiras com que nos manifesta seu amor e sua bondade.

Pedir a Deus: Ó Pai magnânimo, oro para que meu filho mostre seu amor pelos outros por meio da bondade. Desenvolve nele um coração afável como o de Jesus, que se derrama em atos de bondade e de ajuda generosa às pessoas, sem esperar nada em troca. Pai, por favor, incentiva nele atitudes e estilo de vida e, assim, deixe de lado o orgulho egoísta e submeta seus "direitos" ao Espírito Santo. Peço tua ajuda para que ele aprenda a buscar oportunidades de mostrar bondade e atendê-las para promover a paz, aliviando sentimentos feridos e acalmando os que estejam perturbados. Que a bondade dele comece em nosso lar. Permite que sua vida seja revestida do amor e da bondade que mostram aos outros o coração amoroso e bondoso de Jesus. Em nome de Jesus, amém.

Lembrar: Deus é bom e amoroso em tudo o que faz.

100

Seja verdadeiro em todos os sentidos

Eis o que devem fazer: Falem somente a verdade uns com os outros [...].
(Zacarias 8:16)

Louvar a Deus: Pois ele é a verdade.

Confessar: As ocasiões em que exagerei e não fui inteiramente verdadeiro com os outros.

Agradecer: A Deus, que é a verdade e que nos instrui em seus caminhos verdadeiros e corretos.

Pedir a Deus: Ó Deus de toda a verdade, rogo que meu filho descubra o que tem a fazer: falar a verdade para os outros. Peço que ele aja com integridade em todas as situações, falando a verdade com amor. Impede que sua boca profira palavras ou declare alguma coisa que não seja verdadeira. Que a verdade que ele atesta aos outros se evidencie em sua própria vida, e revele a ele próprio algum engano velado ou motivo impuro. Peço que ele caminhe de cabeça erguida na verdade de tua Palavra, desejoso de obedecer a todas as tuas ordens. Que possa ser conhecido como um homem confiável, que traz glória a ti aonde quer que a vida o conduza. Em nome de Jesus, amém.

Lembrar: Deus é a verdade, e sempre podemos contar com ele para sermos puros, perfeitos e confiáveis.

101

Revestidos da beleza de Cristo

Pelo contrário, revistam-se do Senhor Jesus Cristo, e não fiquem premeditando como satisfazer os desejos da carne.

(Romanos 13:14)

Louvar a Deus: Que é nosso Pai.

Confessar: Quando não dou bom exemplo com as compras de minhas roupas.

Agradecer: Por nosso Pai celestial nos ensinar tudo, até mesmo como nos vestirmos.

Pedir a Deus: Pai celestial, peço que minha filha se revista do Senhor Jesus Cristo e não pense em como satisfazer os desejos de natureza pecaminosa. Ela quer desesperadamente assemelhar-se às colegas da escola, mas muito do que essas mocinhas usam não é apropriado a uma jovem que se diz cristã. Por favor, protege-a de copiar tendências e comportamentos mundanos. Que ela possa se preocupar mais em agradar-te e em refletir a beleza de Cristo do que em agradar a suas colegas. Ajuda-a a compreender que tu te importas profundamente com sua aparência e queres ajudá-la a manter a perspectiva nessa área da vida. Faz com que ela lembre que pode recorrer a ti para ajudá-la a decidir como se vestir. Não a deixes usar coisas que atraiam a atenção sexual ou reflitam negativamente seu caráter ou o teu. Sinto que roupas e beleza podem se tornar um ídolo. Direciona seu coração para longe dos desejos enganadores que buscam *status*, poder ou autoestima através da aparência externa. Que ela possa encontrar a beleza em ti. Em nome de Jesus, amém.

Lembrar: Deus, nosso Pai celestial, valoriza a beleza interior que o reflete.

102

Seja um aluno aplicado

Procure apresentar-se a Deus aprovado, como obreiro que não tem do que se envergonhar, que maneja corretamente a palavra da verdade.
(2Timóteo 2:15)

Louvar a Deus: Que é soberano.

Confessar: Minha própria indolência ao preparar-me para servir a Deus.

Agradecer: Por nosso Deus soberano cuidar de nos preparar para fazermos o trabalho que ele planejou para nós.

Pedir a Deus: Senhor soberano, peço que meu filho se esforce bastante para ser aprovado por ti, como um trabalhador que não precisa envergonhar-se porque maneja com exatidão a palavra da verdade. Ajuda-o a ver que neste momento sua obrigação é estudar. Coloca em seu coração o desejo de atingir a perfeição, leva-o a ter o hábito da disciplina e da persistência nos estudos. Que ele possa trabalhar arduamente, com uma boa atitude para realizar tudo o que se espera dele e não se envergonhar na sala de aula por não saber as lições. Rogo que seus professores não fiquem desatentos quando ele não se mostrar à altura de seu potencial e o ajudem como for possível quando ele tiver alguma dificuldade. Que ele possa dar o máximo de seus esforços em tudo o que fizer, sobretudo empenhando-se no estudo da tua Palavra, para poder transmiti-la corretamente a outros. Em nome de Jesus, amém.

Lembrar: Deus é soberano e ajuda-nos a cumprir seus planos.

103

Sucesso nas provas e nos exames

Esteja sobre nós a bondade do nosso Deus Soberano. Consolida, para nós, a obra de nossas mãos; consolida a obra de nossas mãos!

(Salmos 90:17)

Louvar a Deus: Que é onisciente.

Confessar: As ocasiões em que não valorizei a aprovação de Deus e não dei o melhor de mim.

Agradecer: As ocasiões em que Deus onisciente me ajudou a ter sucesso por meu esforço.

Pedir a Deus: Meu Deus onisciente, peço que mostres a minha filha tua aprovação e que tornes os esforços dela bem-sucedidos. Sim, torna os esforços dela bem-sucedidos! Oro para que ela se volte a ti para compreender as matérias que deve estudar. Ajuda-a a distribuir seus horários de maneira adequada ao se preparar para as provas. Quando for se submeter a exames, possa lembrar que tu prometeste lhe dar um espírito de amor, e não de medo, bem como uma mente sã. Dá-lhe um espírito tranquilo para ela saber que estás ali para auxiliá-la e levá-la, de modo sobrenatural, a lembrar o que estudou. Peço que ela não se distraia ao prestar um exame e, se for tentada a trapacear, dá-lhe a integridade e a força moral para fazer o que é certo. Seja qual for o resultado de seu exame, que ela fique em paz, sabendo que fez o melhor e que tu valorizas seus esforços. Em nome de Jesus, amém.

Lembrar: Nosso Deus onisciente cuida para que nossos esforços sejam bem-sucedidos.

104

Os temores do primeiro dia

Por isso não tema, pois estou com você; não tenha medo, pois sou o seu Deus. Eu o fortalecerei e o ajudarei; eu o segurarei com a minha mão direita vitoriosa.

(Isaías 41:10)

Louvar a Deus: Que é a nossa paz.

Confessar: As ocasiões em que permito que o medo e a preocupação tirem a paz da presença de Deus em mim.

Agradecer: Pela promessa do Deus da paz de estar sempre comigo.

Pedir a Deus: Ó Deus da paz, que meu filho não tenha medo, pois estás sempre com ele. Saber que tu estás com meu filho no seu primeiro dia de colégio deixa esperançoso meu coração de mãe. Esse é um grande passo, difícil de ser ignorado. São muitas as perguntas que pesam sobre meu coração e minha cabeça. Será que a professora vai gostar dele? Será que ele encontrará bons amigos? Será que vai chorar e ficar com medo? Mas, quando oro e o coloco nas tuas mãos protetoras e amorosas, fico em paz, sabendo que estás ali com ele. Por favor, substitui seu medo por força e coragem diante do que lhe acontecer no dia. Ajuda sua professora a ser sensível aos pequenos temores existentes na sala de aula. E, se me permites ser ousada, peço que a professora diga a meu filho alguma coisa que o faça sentir-se seguro e protegido. Concede-lhe um sentimento real de que Jesus está com ele. Em nome de Jesus, amém.

Lembrar: Deus nos dá sua paz e sua presença para acalmar nossos medos.

105

Deseje ser para Cristo uma testemunha compassiva

Ao ver as multidões, teve compaixão delas, porque estavam aflitas e desamparadas, como ovelhas sem pastor. Então disse aos seus discípulos: "A colheita é grande, mas os trabalhadores são poucos. Peçam, pois, ao Senhor da colheita que envie trabalhadores para a sua colheita."

(Mateus 9:36-38)

Louvar a Deus: Que é o Senhor da colheita.

Confessar: Alguma dureza no coração que me impeça de me preocupar com os aflitos e desamparados que não conhecem Jesus.

Agradecer: Por conhecer Jesus como meu Salvador e Senhor, graças à compaixão que ele teve de mim.

Pedir a Deus: Senhor da colheita, quando meu filho contemplar as multidões em seu campus escolar, que possa ter compaixão delas, pois estão aflitas e desamparadas, como ovelhas sem um pastor. A colheita é grande, mas os trabalhadores são poucos. Então, eu te peço, Senhor da colheita, para abrir os olhos de meu filho e fazê-lo ver que ele é um trabalhador enviado ao campo da colheita da sua escola. Dá-lhe a compaixão de Jesus por seus colegas. Sem medo e com um coração amoroso e gentil, que ele compartilhe sua fé com aqueles que não te conhecem. Ajuda-o a contar a história de seu Salvador, que o redimiu e mudou para sempre sua vida. Que ele possa ser um mensageiro fiel de tua graça diante das crianças e dos funcionários que conhecer. Em nome de Jesus, amém.

Lembrar: O Senhor da colheita não quer que nenhuma ovelha se perca.

106

Sendo uma testemunha da Palavra da Vida

Para que venham a tornar-se puros e irrepreensíveis, filhos de Deus inculpáveis no meio de uma geração corrompida e depravada, na qual vocês brilham como estrelas no universo, retendo firmemente a palavra da vida [...].

(Filipenses 2:15-16)

Louvar a Deus: Que é a Palavra da Vida.

Confessar: As ocasiões em que pecados não confessados obscurecem a luz da vida de Deus dentro de mim.

Agradecer: Porque, pela Palavra da Vida, os desonestos e pervertidos são transformados em estrelas resplandecentes puras e sem mácula.

Pedir a Deus: Ó bendita Palavra da Vida, peço que meu filho se torne irrepreensível e puro, um filho de Deus sem culpas numa geração pervertida e depravada. Faze-o brilhar como uma estrela no universo quando levar a Palavra da Vida àqueles que não te conhecem. Faz com que nunca se envergonhe do evangelho de Cristo, pois é ali que está o poder de Deus para a salvação de todos os que creem. Imploro pelo despertar espiritual e pela renovação no campus de meu filho. Ajuda-o e a seus colegas que te amam a ser canais puros e santificados, que poderás usar para dedicar esse campus a Cristo. Por tua misericórdia, Senhor, salva essa geração depravada e pervertida para tua glória. Em nome de Jesus, amém.

Lembrar: Nosso Deus, a Palavra da vida, faz nossos filhos brilharem como estrelas no universo.

107

Orando pelos colegas e professores que não conhecem Jesus

Portanto, eu lhes digo: Tudo o que vocês pedirem em oração, creiam que já o receberam, e assim lhes sucederá.

(Marcos 11:24)

Louvar a Deus: Que é fiel.

Confessar: Alguma vacilação na fé ou falta da confiança que me leve a duvidar da fidelidade de Deus.

Agradecer: Pela fidelidade de Deus, que responde minhas orações com respeito a coisas grandes e importantes.

Pedir a Deus: Ó Pai fiel, rogo que minha filha acredite que tudo o que ela pedir em oração lhe seja concedido e lhe pertença. Peço que despejes teu Espírito de oração sobre ela para que rogue por aqueles da sua escola que estão perdidos. Que ela compreenda que orar pelos colegas e professores é a coisa mais importante que pode fazer. Por favor, convoca outros a se unir a ela em orações para abrir os olhos dos cegos e passá-los da escuridão para a luz, e do poder de Satanás para Deus, de modo a encontrar perdão para seus pecados e um lugar entre aqueles que se santificaram pela fé. Garante-lhe tua promessa de ser paciente, que não queres que ninguém pereça, e sim que todos alcancem o arrependimento. Coloca em seu coração uma grande esperança de que suas orações farão muita diferença. Em nome de Jesus, amém.

Lembrar: Deus é fiel e mantém todas as suas promessas.

108

Proteção contra danos físicos

Porque a seus anjos ele dará ordens a seu respeito, para que o protejam em todos os seus caminhos.

(Salmos 91:11)

Louvar a Deus: Ele é nosso Protetor.

Confessar: O medo de que Deus permita que meu filho escape de sua proteção.

Agradecer: Por meu filho nunca sair da vista de Deus e de seu cuidado protetor.

Pedir a Deus: Ó bendito Protetor, imploro que mande teus anjos protegerem meu filho aonde quer que ele vá. Ele é tão indisciplinado que age sem pensar nas consequências possíveis. Imploro-te por sua proteção física hoje. É para mim um grande consolo saber que tu ordenas que teus anjos o afastem de atividades perigosas e não deixem que ele seja ferido. Por favor, ajuda-o a fazer a escolha acertada quanto ao que deve e ao que não deve fazer. Domestica sua impulsividade. Fortalece-o para que ele não dê atenção à caçoada de amigos que o chamam para brincadeiras arriscadas. Que ele possa encontrar conforto ao saber que teus anjos estão com ele para guiá-lo e protegê-lo. Em nome de Jesus, amém.

Lembrar: Deus é sempre nosso protetor, tanto no domínio físico quanto no domínio espiritual.

109

Escolhendo uma faculdade

Eu o instruirei e o ensinarei no caminho que você deve seguir; eu o aconselharei e cuidarei de você.

(Salmos 32:8)

Louvar a Deus: Que é nosso Conselheiro.

Confessar: Qualquer temor ou orgulho que me leve a manipular e controlar o futuro de minha filha.

Agradecer: Por estar nas mãos competentes de Deus o futuro de minha filha, pois ele a guiará pelo melhor caminho.

Pedir a Deus: Ó bendito Conselheiro, imploro-te que o coração de minha filha esteja em paz para que ela possa confiar que a guiarás ao longo do melhor caminho de sua vida. Que se sinta confiante por saber que sempre a aconselharás e zelarás por ela. Ajuda-a a pesquisar diferentes faculdades e universidades e a avaliá-las corretamente. Dá-lhe um coração que busque primeiro teu conselho e acolha bem os conselhos piedosos de outros ao tomar essas importantes decisões. Que ela não dê atenção a vozes contrárias à tua. Por favor, dá-lhe uma indicação clara de onde deve ir e fecha a porta de faculdades e universidades que não sejam boas para ela. Peço também que ela encontre amizades piedosas em uma vibrante organização cristã em seu campus. Que seja um lugar que desperte seu interesse e desenvolva seus dons e talentos à medida que aumenta sua fé. Em nome de Jesus, amém.

Lembrar: Deus, nosso Conselheiro, opina, guia e vela por nós.

110

Proteção contra a bebida

O vinho é zombador e a bebida fermentada provoca brigas; não é sábio deixar-se dominar por eles.

(Provérbios 20:1)

Louvar a Deus: Que é confiável.

Confessar: As ocasiões em que me descuidei das claras advertências de Deus.

Agradecer: As advertências de Deus são verdadeiras, e ele nos protege contra o que nos causa dano.

Pedir a Deus: Ó Deus fidedigno, rogo que minha filha considere com prudência a advertência de que o vinho leva a zombarias e as bebidas alcoólicas levam a brigas. Que compreenda que quem se deixa dominar pela bebida não tem sabedoria. Peço-te que não a deixes seguir o esquema mundial que torna o álcool aceitável e disponível, tentador e sedutor para jovens como ela. Garante-lhe uma visão crítica para perceber o que existe por trás do hábito de beber socialmente aprovado pela mídia. Que ela seja cuidadosa ao tomar decisões que a coloquem em situações inseguras, suscetível a ser tentada e a não resistir ou a abusar desses hábitos. Que tu lhe transmitas coragem para resistir à tentação e forças para obedecer diariamente à tua ordem de não se embriagar com álcool. Impede-a de ceder qualquer centímetro de terreno ao Inimigo, que está decidido a destruir seu corpo, mente e espírito. Em vez de ceder, que seja preenchida e controlada por teu Espírito para beber a abundância de tua graça, matando a sede em teu rio de alegrias. Em nome de Jesus, amém.

Lembrar: As palavras de advertência de Deus são sempre confiáveis.

111

Sabedoria para escolher amigos

Como é feliz aquele que não segue o conselho dos ímpios, não imita a conduta dos pecadores, nem se assenta na roda dos zombadores! Ao contrário, sua satisfação está na lei do SENHOR, e nessa lei medita dia e noite. É como árvore plantada à beira de águas correntes: Dá fruto no tempo certo e suas folhas não murcham. Tudo o que ele faz prospera!

(Salmos 1:1-3)

Louvar a Deus: Que é sábio.

Confessar: Alguma falta de cuidado ao escolher como e com quem passo meu tempo.

Agradecer: Porque a Palavra de Deus traz alegria a minha vida quando obedeço a sua sabedoria.

Pedir a Deus: Sábio Pai celestial, oro para que meu filho viva na alegria por não ter seguido o conselho dos ímpios, nem imitado os pecadores ou se reunido com os zombeteiros. Que se deleite em fazer tudo o que queres; que dia e noite reflita sobre a tua lei. Então ele será como uma árvore plantada ao longo do rio, dando sempre frutos a cada estação, sem murchar, prosperando em tudo o que faz. Ó Pai, que ele escolha caminhar com os sábios, e não com companheiros tolos e ateus. Guia-o para relacionamentos que o aproximem de ti. Oro para que seu coração seja atraído para aqueles que te amam, e não para aqueles que podem ser populares ou aparentemente atraentes, mas que desprezam aquilo que tu amas. Conduz meu filho a buscar-te com um coração puro, que se deleite com tuas ordens, para poder prosperar. Em nome de Jesus, amém.

Lembrar: Deus é sábio, e seus caminhos trazem alegria àqueles que os seguem.

112

Sabedoria ao priorizar o tempo

Busquem, pois, em primeiro lugar o Reino de Deus e a sua justiça, e todas essas coisas lhes serão acrescentadas.

(Mateus 6:33)

Louvar a Deus: Que provê.

Confessar: As ocasiões em que as prioridades de Deus ficam em segundo lugar, enquanto trato de satisfazer meus próprios desejos.

Agradecer: Por Deus, que com generosidade provê àqueles que procuram lhe obedecer acima de tudo.

Pedir a Deus: Ó bendito Provedor, peço que minha filha procure em primeiro lugar teu reino e tua justiça, pois tudo o mais lhe será dado também. Ó Senhor, que ela possa compreender que, ao te colocar em primeiro lugar, tu a provês de tudo que lhe é necessário. Muitas atividades estão disputando seu tempo e sua atenção, e ela precisa do teu discernimento para aplicá-lo com sabedoria. Ela tem certa tendência a assumir mais do que pode, o que lhe causa muita ansiedade. Então oro para que aprenda a apelar para tua sabedoria ao organizar suas prioridades. Quando pretender acrescentar uma nova atividade à agenda já superlotada, que possa ouvir a tua voz e obedecer. Dá-lhe a alegria de reconhecer que a obediência traz bênçãos. Garante-lhe um espírito calmo, pacífico e a confiança de que tu és o melhor caminho planejado para a sua vida. Em nome de Jesus, amém.

Lembrar: Deus provê o melhor àqueles que procuram agradá-lo.

113

Ganhando o apoio de técnicos e companheiros de equipe

Que o amor e a fidelidade jamais o abandonem; prenda-os ao redor do seu pescoço, escreva-os na tábua do seu coração. Então você terá o favor de Deus e dos homens, e boa reputação.

(Provérbios 3:3-4)

Louvar a Deus: Por seu amor sem medida.

Confessar: As ocasiões em que meu amor esfria.

Agradecer: Por Deus se deleitar com o amor e querer que sejamos conhecidos por nosso amor e fidelidade.

Pedir a Deus: Caro Pai amoroso, oro para que o amor e a fidelidade nunca abandonem meu filho; que os prenda em volta do pescoço e escreva-os no fundo de seu coração. Assim, ele alcançará simpatia e um bom nome aos olhos de Deus e das pessoas. Senhor, tu abençoaste meu filho com o divino apreço de seus companheiros de equipe e treinadores. Que ele seja grato por essa honra e tenha um agudo senso de responsabilidade para agir da mesma forma que Cristo, pleno de integridade, amor e bondade. Que possa ser fiel a um trabalho duro. Ajuda-o a buscar maneiras de encorajar, desenvolver e fortalecer sua equipe. Protege-o contra tentações de praguejar, humilhar ou ridicularizar os outros. Quer seu time vença, quer perca, que sua primeira reação seja dar glória a ti e não se concentrar nos aplausos que o sucesso nos esportes lhe proporciona. Oro para que o amor e a fidelidade de seu caráter sejam tão cativantes que ele se torne uma clara testemunha de Cristo, que vive nele. Em nome de Jesus, amém.

Lembrar: Amor e fidelidade deleitam o coração de Deus.

114

Proteção contra o preconceito

Ele mostrou a você, ó homem, o que é bom e o que o SENHOR *exige: Pratique a justiça, ame a fidelidade e ande humildemente com o seu Deus.*
(Miqueias 6:8)

Louvar a Deus: Porque ele é justo.

Confessar: As ocasiões em que o orgulho se torna mais importante para mim do que a justiça e a misericórdia.

Agradecer: A nosso Deus justo por nos mostrar como fazer o que é bom.

Pedir a Deus: Ó justo Pai, abro meu coração para pedir que minha filha faça o que é bom e o que tu lhe exiges: agir com justiça, amar a misericórdia e caminhar humildemente com seu Deus. Ajuda-a a lembrar que tu criaste cada um de nós e que amas todas as pessoas do mundo. Oro para que ela faça o que é bom a teus olhos e seja humilde, suave e misericordiosa para com as pessoas que encontra a cada dia. Que possa ver com os próprios olhos aqueles que são diferentes dela. Proteje-a para que não seja rude ou orgulhosa com pessoas que precisam de ajuda. Que possa consolar os abandonados, aproximar-se dos solitários, mostrar amor aos tímidos, dar coragem aos fracos, ajudar os forasteiros, dizer uma palavra gentil aos impopulares e pouco atraentes e ser justa com todos. Amoroso Pai, rogo que o preconceito não faça parte da vida dela. Abençoa-a quando ela procurar agradar-te, fazendo o que é bom e correto. Em nome de Jesus, amém.

Lembrar: Deus é justo e misericordioso, e quer que façamos o que é bom.

115

Mostrando respeito aos professores

Tratem a todos com o devido respeito: amem os irmãos, temam a Deus e honrem o rei.

(1Pedro 2:17)

Louvar a Deus: Que é nosso Senhor e Mestre.

Confessar: As ocasiões em que desonrei a Deus, desrespeitando as pessoas criadas por ele.

Agradecer: Por Deus, meu Senhor e Mestre, ter escolhido honrar-me.

Pedir a Deus: Ó Senhor e Mestre, peço que meu filho mostre respeito por todos e trate a todos dignamente, inclusive seu professor. Ajuda-o a compreender que tu criaste seu professor a tua imagem e que amas e valorizas esse homem, assim como o amas e valorizas. Que ele demonstre o devido respeito obedecendo gentilmente ao que o professor lhe pedir. Ajuda-o a refrear seus comportamentos desrespeitosos, a não responder com maus modos nem sussurrar comentários ofensivos sobre seu professor. Dá-lhe coragem para não se juntar a colegas que queiram caçoar ou depreciar o professor. Faz com que meu filho seja educado e amável, e deseje orar por ele, pois tu o escolheste para ser seu professor com um propósito, e tu nunca erras. Em nome de Jesus, amém.

Lembrar: Deus, nosso Senhor e Mestre, quer que sejamos respeitosos e que tratemos a todos dignamente.

116

Segurança em viagens

O Senhor é o seu protetor [...]. O Senhor o protegerá de todo o mal, protegerá a sua vida. O Senhor protegerá a sua saída e a sua chegada, desde agora e para sempre.

(Salmos 121:5, 7-8)

Louvar a Deus: Que é protetor.

Confessar: A tendência que tenho de me preocupar com a segurança de meus filhos.

Agradecer: A Deus, que promete nos proteger agora e sempre.

Pedir a Deus: Ó Deus protetor, peço que protejas meu filho. Afasta-o de todos os danos — protege sua vida. Protege suas idas e vindas agora e para todo o sempre. Quando ele viajar, que faça uma viagem segura. Mantém os motoristas atentos e ajuda-os a tomar as decisões certas na estrada. Senhor, tu conheces meu filho, então te peço que ele aja de maneira responsável. Ajuda-o a ouvir e a obedecer às instruções que recebeu e a tomar boas decisões ao longo do percurso. Por favor, ordena a teus anjos que o vigiem aonde quer que ele vá e não deixem que ele sofra ferimento algum. Peço o mesmo também por seus companheiros de viagem. Que essa viagem possa ser maravilhosa, sem incidentes, e lhe traga boas lembranças no futuro. Em nome de Jesus, amém.

Lembrar: Deus zela sempre por nós.

117

Não desistir de fazer o bem

E não nos cansemos de fazer o bem, pois no tempo próprio colheremos, se não desanimarmos.

(Gálatas 6:9)

Louvar a Deus: Que é todo-suficiente.

Confessar: As ocasiões em que, deliberadamente, eu escolhi não fazer o que sei que é bom.

Agradecer: Por Deus prometer uma colheita por fazermos o bem.

Pedir a Deus: Meu Pai, todo-suficiente, peço que meu filho não se canse de fazer o bem, pois no tempo certo, se não desistir, ele terá a colheita. Quando tiver vontade de desistir, peço-te que fortaleças as mãos dele e firmes seus joelhos. Quando sentir que não vai conseguir estudar mais uma página ou resistir à tentação por mais um minuto, suplico que ele peça ajuda a seu Jesus todo-suficiente. Por favor, garante-lhe que ouves seus lamentos e que atenderás a suas orações. Agradeço-te por lhe proveres tudo de que ele necessita para continuar no caminho certo. Ajuda-o a não desistir para não perder a colheita que está esperando que seja revelada. Em nome de Jesus, amém.

Lembrar: Deus é suficiente para atender a nossas necessidades quando estamos desgastados.

118

Sabedoria para seguir os caminhos de Deus

Quem confia em si mesmo é insensato, mas quem anda segundo a sabedoria não corre perigo.

(*Provérbios 28:26*)

Louvar a Deus: Que é sábio.

Confessar: As ocasiões em que me acreditei capaz de caminhar com minha própria sabedoria.

Agradecer: Por Deus generosamente nos dar sabedoria para impedir que sejamos tolos.

Pedir a Deus: Ó Deus de sabedoria, peço-te para meu filho reconhecer que aquele que busca a verdade em si próprio é um tolo e aquele que caminha na sabedoria se mantém seguro. Senhor, tu lhe deste muito, e agora os outros estão reconhecendo essas dádivas na vida dele. Peço-te que não o deixes cair na armadilha da arrogância, uma ameaça para o caráter de tantos jovens talentosos. Percebo indícios dessa vaidade tola infiltrando-se em suas atitudes e peço que o estimules a controlar cada pensamento que cruzar sua mente, purificando-o pela sagrada sabedoria de tua Palavra. Que ele aprenda a seguir teus caminhos para manter-se seguro no abrigo de tua sabedoria. Em nome de Jesus, amém.

Lembrar: Deus é sábio em todas as suas formas.

119

Proteção contra o uso de drogas

Tu és o meu abrigo e o meu escudo; e na tua palavra coloquei a minha esperança.

(Salmos 119:114)

Louvar a Deus: Que é poderoso.

Confessar: As ocasiões em que temi por meu filho e coloquei minha esperança em tudo, menos no poder superior de Deus e de sua Palavra.

Agradecer: Por ter esperança, porque Deus é capaz de proteger meu filho.

Pedir a Deus: Ó Deus poderoso, eu imploro que meu filho se volte para ti como seu refúgio e seu escudo, colocando sua esperança em tua Palavra. Oro para que nada o tire da vida abundante que planejaste para ele. Agora mesmo, a pressão dos colegas, as dificuldades nos estudos e os problemas de autoimagem o estão levando à incerteza e à insegurança. Peço que ele encontre refúgio em ti, e não nas drogas. Peço-te que o alertes para as mentiras de Satanás de que as drogas são a solução. Que ele possa ver que os usuários de drogas que o aliciam para seu grupo estão caminhando na escuridão, por uma estrada de dissolução, doença e destruição. Ajuda-o a confiar que tu estarás a seu lado — como uma muralha de fogo protetora contra qualquer má influência — quando ele for tentado. Dá-lhe coragem para dizer não, sem comprometer sua fé. Que ele consiga se manter firme em tudo que é da tua vontade, desejando agradar-te em tudo que faz. Em nome de Jesus, amém.

Lembrar: Deus é poderoso como nosso protetor, nosso refúgio, nosso escudo e nossa esperança.

120

Largar o vício das drogas e do álcool

Para que assim voltem à sobriedade e escapem da armadilha do Diabo, que os aprisionou para fazerem a sua vontade.

(2Timóteo 2:26)

Louvar a Deus: Porque ele é capaz.

Confessar: Algum vício traiçoeiro, que me faz necessitar da libertação de Deus.

Agradecer: Porque nosso Deus misericordioso é capaz de nos libertar das muitas armadilhas do Diabo.

Pedir a Deus: Imploro a ti, misericordioso Senhor, que meu filho escravizado recupere seu juízo e escape da armadilha do Diabo, que o atraiu para fazê-lo obedecer a sua vontade. Meu coração está na mais profunda angústia diante do preço que meu filho paga pelo vício que está acabando com sua vida. Pelo nome poderoso de Jesus, destrói a corrente que o prende a essa escuridão sem esperança. Faz qualquer coisa, Senhor, para ele se arrepender e entregar a vida a ti. Abre os olhos dele para a verdade: ele está escravizado e desamparado para controlar o vício. Que teu grande amor destrua as mentiras de Satanás, que diz a meu filho que ele está bem ou que precisa dessa substância para sobreviver. Oro por ele dia e noite, Senhor Jesus, e confio em teu poder de libertá-lo. Dá-me sabedoria para distinguir o que fazer, impede-me de contribuir para seu comportamento destrutivo e ajuda-me a me nutrir de tua promessa de que tudo será corrigido para o bem dele e para tua glória. Dá-me a humildade de pedir aos outros que orem pela libertação de meu filho. Eu oro pela vitória no nome poderoso de Jesus, amém.

Lembrar: Deus é capaz de libertar e é fiel a sua misericórdia.

121

Transformando um espírito orgulhoso e beligerante

O orgulho só gera discussões [...].

(Provérbios 13:10)

Louvar a Deus: Que é capaz.

Confessar: Qualquer orgulho ou outros traços negativos de caráter que possam contribuir para brigas.

Agradecer: Por Deus ser capaz de nos afastar de atitudes e comportamentos que prejudicam nossos relacionamentos.

Pedir a Deus: Ó Pai que és capaz, peço-te que mostres a minha filha que só brigas podem originar-se do orgulho. Por favor, abre os olhos dela para ver que nosso lar com frequência torna-se uma praça de guerra por causa de sua conduta beligerante. Convence-a de que seu comportamento briguento, antagonista, polêmico, irritado, combativo e beligerante tem raízes num coração orgulhoso. Pelo poder de tua graça, ajuda-a a combater seus impulsos egoístas e a render-se a Jesus. Oro para que ela confesse seu pecado, arrependa-se e humildemente busque o perdão daqueles com quem foi injusta. Quando for tentada a perder o autocontrole, oro para que recorra imediatamente a ti para recuperá-lo. E, quando eu for tentada a sentir raiva de seu comportamento, que possa também recorrer humildemente a ti para saber o que dizer e como agir. Pelo poder de tua Palavra e da oração, transforma seu coração orgulhoso e contestador num coração humilde e afável. Pai, tu és capaz de quebrar as cadeias que prendem a vida dela, por isso peço que ilumines sua mente e a conformes à imagem de teu Filho. Pelo nome poderoso de Jesus, amém.

Lembrar: Deus é capaz de transformar-nos à semelhança de seu Filho, Jesus.

122

Proteção contra a desobediência intencional

Também guarda o teu servo dos pecados intencionais; que eles não me dominem! [...]

(Salmos 19:13)

Louvar a Deus: Que é santo.

Confessar: Qualquer teimosia do coração que me impeça de obedecer aos mandamentos de Deus.

Agradecer: Porque nosso santo Deus nos livra da escravidão do pecado.

Pedir a Deus: Ó Deus santo, suplico que mantenhas minha filha longe de pecados presunçosos; não deixes que eles a governem. Peço-te que lhe reveles a gravidade de seus pecados intencionais. Desde a tenra infância lhe foram ensinados teus caminhos; contudo, ela deliberadamente escolhe contrariar os ensinamentos que recebeu e incorrer em pecado. Ela está em uma espiral descendente, perseguindo os próprios desejos e colocando-se como autoridade em teu lugar. Por favor, afasta-a de atitudes arrogantes, insolentes e de desafio ostensivo a tua vontade e a tua Palavra. Ajuda-a a ouvir sua própria consciência antes que não ouça mais os alertas do Espírito Santo. Salva-a, arranca-a do poço lamacento de seu coração teimoso e obstinado. Senhor, por tua divina misericórdia, desvia a vontade dela para que se arrependa e retorne a ti, em louvor a tua glória. Em nome de Jesus, amém.

Lembrar: Nosso santo Deus quer que nos livremos da servidão do pecado.

123

Ser humilde em todos os relacionamentos

[...] mostrem sempre verdadeira mansidão para com todos os homens.

(Tito 3:2)

Louvar a Deus: Que é humilde.

Confessar: As ocasiões em que permito que o orgulho interfira no pedido de perdão e no perdão aos outros.

Agradecer: Por Jesus que, sendo Deus, se humilhou e morreu na cruz como um criminoso por meus pecados.

Pedir a Deus: Meu humilde Senhor, oro para que meu filho mostre uma verdadeira humildade com todos. Peço que ele construa seu coração à semelhança do humilde coração de Jesus. Cultiva nele o desejo de viver num espírito de sincera humildade. Quando tiver sucesso, oro para que seja grato, mas não se vanglorie. Quando agir errado, peço que admita prontamente seu erro e não tente justificar--se, acusando alguém ou atribuindo a culpa a algo. Que ele possa apreciar os feitos dos outros com sincera alegria. Que possa também sentir-se feliz em desenvolver nos outros um espírito de humildade, e em não desenvolver em si próprio um espírito de orgulho. Por tua glória, em nome de Jesus, amém.

Lembrar: Deus é humilde, sem um resquício de orgulho.

124

Um relacionamento amoroso

O amor deve ser sincero. Odeiem o que é mau; apeguem-se ao que é bom. Dediquem-se uns aos outros com amor fraternal. Prefiram dar honra aos outros mais do que a si próprios.

(Romanos 12:9-10)

Louvar a Deus: Porque ele é o Senhor.

Confessar: As ocasiões em que no meu amor ao Senhor e aos outros falta sinceridade, devoção e honra.

Agradecer: Porque Deus nos ensina a honrá-lo como Senhor.

Pedir a Deus: Senhor, faz com que o amor de minha filha seja sincero. Faze-a odiar o que é mau e se apegar ao que é bom. Leva-a a ser dedicada aos outros com amor fraternal, honrando-os mais do que a si própria. Senhor, peço-te que minha filha, ao iniciar um namoro, seja sábia na escolha de um jovem que a ame, que seja respeitoso com ela e pense em seu bem-estar mais do que nos próprios desejos. Peço que o Espírito Santo a proteja para que o rapaz não se aproveite dela e que lhe dê forças para ela dizer não. Quando se envolver num namoro, peço que tuas mãos protetoras se estendam sobre os dois. Que a crescente atração entre eles seja dirigida pelo relacionamento fiel contigo e pelo desejo sincero de ambos de honrar-se mutuamente. Que possam resguardar seus corações, mantendo-se firmes na pureza e no comportamento quando estão juntos e vão se conhecendo. Ó Senhor, oro para que eles te honrem acima de tudo e que também possam honrar um ao outro. Em nome de Jesus, amém.

Lembrar: Deus é nosso Senhor e Mestre.

125

Para o futuro esposo de minha filha

"Ame o Senhor, o seu Deus, de todo o seu coração, de toda a sua alma, de todo o seu entendimento e de todas as suas forças." O segundo é este: "Ame o seu próximo como a si mesmo." Não existe mandamento maior do que estes.

(Marcos 12:30-31)

Louvar a Deus: Que é soberano.

Confessar: Quaisquer prioridades para o futuro marido da minha filha que estejam fora da vontade de Deus.

Agradecer: A nosso Deus soberano, que é o bendito controlador de todas as coisas.

Pedir a Deus: Deus soberano, oro para que o futuro marido de minha filha a ame com todo o coração, alma, mente e força, e que ame também o próximo como a si mesmo. Peço que ela não se ligue a um descrente (2Coríntios 6:14). Que eles possam honrar o leito conjugal e manterem-se puros (Hebreus 13:4). Que seu futuro marido seja atencioso e a trate com respeito, de forma que nada interrompa suas orações (1Pedro 3:7). Que ele a ame como Cristo amou a igreja, dando-se a si próprio por ela (Efésios 5:25). Peço que ele seja manso, gentil e paciente, com o compromisso da paz (Efésios 4:2-3). Que ele possa buscar teu reino em primeiro lugar, sabendo que tu lhe darás tudo de que necessita para ser um pai santo e um bom provedor (Mateus 6:33; Efésios 6:4; 1Timóteo 5:8). Senhor, que minha filha espere pacientemente por ti para levá-la a esse homem de caráter piedoso. Peço que toda a família deles te ame e te obedeça. Em nome de Jesus, amém.

Lembrar: Os desejos do soberano Deus são bons para nós.

126

Para a futura esposa de meu filho

"Ame o Senhor, o seu Deus, de todo o seu coração, de toda a sua alma, de todo o seu entendimento e de todas as suas forças". O segundo é este: "Ame o seu próximo como a si mesmo". Não existe mandamento maior do que estes.

(Marcos 12:30-31)

Louvar a Deus: Que é soberano.

Confessar: Quaisquer prioridades para a futura esposa de meu filho que estejam fora da vontade de Deus.

Agradecer: A nosso Deus soberano, que é o bendito controlador de todas as coisas.

Pedir a Deus: Deus soberano, oro para que a futura esposa de meu filho o ame de todo o coração, alma, mente e força, e que ame também o próximo como a si mesma. Peço que ele não se ligue a uma descrente (2Coríntios 6:14). Que eles possam honrar o leito conjugal e manterem-se puros (Hebreus 13:4). Peço que sua futura esposa submeta-se a ele, como ao Senhor (Efésios 5:22). Que ela só lhe faça o bem, e nunca mal, todos os dias de sua vida (Provérbios 31:12). Oro para que se esforce com energia para cuidar do lar e que a bondade seja a regra para sua boca (Provérbios 31). Que ela o respeite (Efésios 5:33) e seja mansa, gentil e amorosa (Efésios 4:2-3). Senhor, oro para que meu filho espere pacientemente por ti para levá-lo a essa mulher de caráter piedoso. Peço que toda a família deles te ame e te obedeça. Em nome de Jesus, amém.

Lembrar: Os desejos de Deus soberano são bons para nós.

127

Deixar um legado de fé

Saibam, portanto, que o Senhor, *o seu Deus, é Deus; ele é o Deus fiel, que mantém a aliança e a bondade por mil gerações daqueles que o amam e guardam os seus mandamentos.*

(Deuteronômio 7:9)

Louvar a Deus: Que é eterno.

Confessar: Os desafios que enfrento para manter meu compromisso de caminhar com Deus.

Agradecer: Por Deus ser fiel em manter suas promessas, não só para mim, mas também para meus filhos, que caminham com ele.

Pedir a Deus: Deus eterno, oro para que meu filho acredite nessa promessa e cumpra as exigências dela: que tu, ó Senhor, és Deus; que és um Deus fiel e manténs teu pacto de amor com mil gerações daqueles que te amam e que obedecem a teus mandamentos. Peço que meu filho seja atento para amar-te e guardar teus mandamentos, de modo que teu legado de fé seja passado a cada geração de sua prole até tua chegada. Oro contra a fraqueza da fé e peço que meu filho se dedique a contar para seus filhos teus feitos maravilhosos e a louvar tua grandeza. Que encontre oportunidades planejadas e não planejadas para a conversação e o estudo espiritual com eles. Por tua graça, peço que nenhum de seus filhos, netos e bisnetos se afaste da fé. Redime-os; chama-os por seus nomes. Que tua mão se estenda sobre eles para cumprir-se o destino que ordenaste para suas vidas antes da criação do mundo. Em nome de Jesus, amém.

Lembrar: Deus é eternamente fiel, não só hoje, mas para sempre.

128

Aprendendo a agradecer

Portanto, assim como vocês receberam a Cristo Jesus, o Senhor, continuem a viver nele, enraizados e edificados nele, firmados na fé, como foram ensinados, transbordando de gratidão.

(Colossenses 2:6-7)

Deem graças em todas as circunstâncias, pois esta é a vontade de Deus para vocês em Cristo Jesus.

(1Tessalonicenses 5:18)

Louvar a Deus: Pois ele é bom.

Confessar: As ocasiões em que meu coração não transborda de graças ao Senhor.

Agradecer: A Deus, que é bom e nos dá todas as boas coisas que recebemos.

Pedir a Deus: Querido e bondoso Deus, oro para que minha filha continue a viver em ti, enraizada e edificada em ti, fortalecida na fé, como foi ensinada, e transbordante de agradecimentos. Peço-te que ela agradeça em todas as circunstâncias, pois essa é tua vontade para ela em Jesus Cristo. Ó Pai, desenvolva nela um coração cheio de agradecimento. Que agradecer se torne um novo hábito de vida, criando-lhe um espírito calmo que agradece e não reclama, não se queixa e não cede à autopiedade. Ajuda-a a sentir-se alegre ao agradecer, em todas as circunstâncias. Quando suas orações forem respondidas, peço que ela reconheça com agradecimentos que tu as ouviste. Aumenta sua fé para que ela acredite que teus mandamentos sempre são bons para ela. Desenvolve nela a fé para confiar em ti e agradecer pelas orações que ainda não lhe foram respondidas por ti. Que ela possa confiar em teu plano e que fazes tudo na hora certa, pois sabe que tu és sempre bom. Em nome de Jesus, amém.

Lembrar: Deus é bom e quer que transbordemos em agradecimentos.

129

Proteção ao dirigir um carro

Porque a seus anjos ele dará ordens a seu respeito, para que o protejam em todos os seus caminhos.

(Salmos 91:11)

Louvar a Deus: Que é o comandante das hostes celestiais.

Confessar: Qualquer dúvida sobre o poder de Deus para proteger meus filhos.

Agradecer: Por Deus mandar seus anjos nos protegerem.

Pedir a Deus: Comandante das hostes celestiais, peço-te que prometas que darás ordens a teus anjos sobre meu filho, para que o protejam em todos os seus caminhos. Senhor, agora que meu filho está dirigindo, peço que tua mão poderosa o proteja em suas idas e vindas. Por favor, dá-lhe um temor saudável e uma avaliação correta quanto a sua maneira de dirigir, pois ele adora o sentimento de poder quando pisa no acelerador. Não o deixes dirigir como um louco, mostrando-se para seus irmãos e amigos ou bebendo. Faz com que ele escolha obedecer-te e honrar-te respeitando e seguindo a lei. No segundo em que ele não tomar as decisões corretas, Senhor, envie teus anjos ministradores para junto de seu carro. Protege-o e faze-o chegar a salvo ao destino. Sempre que estiver ao volante, faz com que se lembre de que dirigir é um privilégio e uma responsabilidade, e que as decisões que tomar podem se tornar questões de vida ou morte, não só para ele próprio, mas também para os outros. Em nome de Jesus, amém.

Lembrar: Como comandante das hostes celestiais, Deus tem o poder de proteger-nos.

130

Ser apanhado em culpa

Mas, se vocês não fizerem isso, estarão pecando contra o SENHOR; e estejam certos de que vocês não escaparão do pecado que cometeram.
(Números 32:23)

Foi bom para mim ter sido castigado, para que aprendesse os teus decretos.
(Salmos 119:71)

Louvar a Deus: Que está em toda parte.

Confessar: Os pecados que acho insignificantes aos olhos de Deus.

Agradecer: Por Deus estar sempre presente e nos amar tanto que nunca permitirá que escondamos dele nossos pecados.

Pedir a Deus: Ó Deus onipresente, imploro-te que meu filho tenha certeza de que seu pecado será descoberto. Que possa dizer que foi bom para ele ser disciplinado para que aprendesse teus decretos. Pai, tu estás em toda parte e vês tudo. Peço-te que se meu filho estiver errado não permitas que ele saia impune. Que saiba que por teu grande amor a ele tu lhe mostrarás seu pecado. Quando isso acontecer, peço que ele se arrependa com a piedosa tristeza que conduz à cura, à restauração e ao perdão. Embora seja doloroso ser castigado dessa forma e as consequências possam ser graves, oro para que ele aprenda com essa punição e não retorne ao pecado. Senhor, mesmo que meu coração se parta, deixa que ele seja apanhado, de maneira que a alegria de sua salvação possa ser restaurada e sua culpa apagada. Em nome de Jesus, amém.

Lembrar: Deus está em toda parte, revelando o pecado oculto e zelando por nós para que aprendamos seus caminhos.

131

Disciplinados para nosso bem

Nossos pais nos disciplinavam por curto período, segundo lhes parecia melhor; mas Deus nos disciplina para o nosso bem, para que participemos da sua santidade. Nenhuma disciplina parece ser motivo de alegria no momento, mas sim de tristeza. Mais tarde, porém, produz fruto de justiça e paz para aqueles que por ela foram exercitados.

(Hebreus 12:10-11)

Louvar a Deus: Que é nosso Pai celestial.

Confessar: Minha visão precária da disciplina de Deus em minha vida.

Agradecer: Por Deus estar disposto a ensinar até mesmo meu coração teimoso a partilhar de sua santidade.

Pedir a Deus: Pai celestial, por favor, ajuda meu filho a perceber que tu o disciplinas para seu bem a fim de que ele partilhe de tua santidade. Hoje, nenhuma disciplina parece agradável, e sim penosa. Mais tarde, entretanto, produzirá uma colheita de justiça e paz em sua vida à medida que ele for exercitado. Que meu filho compreenda que tua disciplina é prova do profundo amor que lhe tens. Que não se rebele, mas se submeta a tua disciplina com o coração arrependido. Mostra-lhe que tudo que deixas acontecer em sua vida destina-se a trazê-lo para mais perto de ti e a acomodá-lo à imagem de Cristo. Exercita-o por tua Palavra para ele distinguir a verdade do erro e o comportamento santo do pecaminoso. Dá-lhe um desejo sincero de seguir teus caminhos para que possa atender a teu poderoso chamado durante sua vida. Que ele confie que tua perfeita disciplina sempre é para seu bem e que tu não lhe darás mais do que ele pode suportar. Produz nele uma colheita abundante de justiça e paz. Em nome de Jesus, amém.

Lembrar: Nosso Pai celestial nos disciplina para nosso bem e para seus propósitos.

132

Usando o dom espiritual de cada um

Cada um exerça o dom que recebeu para servir os outros, administrando fielmente a graça de Deus em suas múltiplas formas.

(1Pedro 4:10)

Louvar a Deus: Por sua graça.

Confessar: As ocasiões em que neguei o dom espiritual recebido de Deus e não servi aos outros como ele deseja.

Agradecer: Por Deus me considerar digna de receber dele um dom especial para servir e abençoar os outros.

Pedir a Deus: Ó Pai da bondade, tu deste a minha filha um dom especial. Peço que ela o exerça servindo aos outros como uma boa representante das múltiplas formas de tua graça. Abençoa-a para que ela acredite que o Espírito Santo lhe concedeu uma habilidade sobrenatural, destinada exatamente a ela. Esse conhecimento fará com que se sinta muito especial e muito amada por ti. Concede-lhe sabedoria para compreender o significado desse dom especial, e a mim, para que eu tenha consciência desse seu brilho e possa encorajá-la no dom dado por ti. Oro para que ela leve a sério esse dom dado por Deus e seja fiel a seu uso para promover teu reinado. Peço que deixes abertas as portas da oportunidade para que ela te sirva com alegria. Dá-lhe permissão, por meio do Espírito Santo, para manifestar todos os dons, habilidades e talentos que lhe deste para servir e fortalecer o corpo de Cristo em tua glória. Em nome de Jesus, amém.

Lembrar: Por sua graça, Deus dá a cada um de nós um dom para servir aos outros.

133

Desenvolvendo o desejo de adorar a Deus

Aclamem o SENHOR, todos os habitantes da terra! Prestem culto ao SENHOR com alegria; entrem na sua presença com cânticos alegres.

(Salmos 100:1-2)

Louvar a Deus: Que é a alegria.

Confessar: As ocasiões em que oro automaticamente, mas não adoro a Deus de coração.

Agradecer: Porque Deus gosta de ouvir nossa adoração jubilosa.

Pedir a Deus: Ó Deus de alegria, peço-te que minha filha use seu coração e voz para bradar de alegria ao Senhor de toda a terra. Que ela possa te adorar com satisfação e se apresentar diante de ti com canções de regozijo. Senhor, tu tens prazer na nossa adoração, e oro para que minha filha também tenha prazer em adorar-te. Oro para que as canções que brotam de seus lábios sejam canções jubilosas de louvor a ti. Que seu maior desejo seja adorar-te na quietude da manhã (Salmos 59:16; 90:14), durante suas atividades diárias (Salmos 35:28; 71:8; 89:16), em sua cama à noite (Salmos 63:6; 92:2) e na companhia de teus santos (Salmos 27:4). À medida que ela crescer no relacionamento contigo, que seu coração fique pleno de orações e sua voz se solte em canções de alegria e júbilo. Em nome de Jesus, amém.

Lembrar: Deus é nossa alegria, merece nossa oração e adoração.

134

Compromisso com o que de fato importa

"Lembra-te, Senhor, de como tenho te servido com fidelidade e com devoção sincera, e tenho feito o que tu aprovas." E Ezequias chorou amargamente.

(Isaías 38:3)

Louvar a Deus: Que santifica.

Confessar: As ocasiões em que não me mantive fiel em seguir Cristo.

Agradecer: A Deus, que sabe de todos os meus sucessos e fracassos e não desiste de mim.

Pedir a Deus: Meu Deus santificador, peço-te que meu filho caminhe diante de ti com fidelidade e devoção incondicional, fazendo o que é bom a teus olhos. Desenvolve nele a qualidade de honrar seus compromissos. Dá-lhe forças, pelo Espírito Santo, para ser resoluto, incansável, disciplinado, para buscar a ti em primeiro lugar e comprometer-se com a tua autoridade. Que se comprometa a estudar tua Palavra diariamente e a orar incessantemente para te seguir em todos os dias de sua vida. Que empenhe tudo — tempo, talento e recursos — em ti. Que consiga se manter inflexível em seu compromisso contigo até mesmo diante de circunstâncias adversas, rejeição e críticas. Oro por ele a oração de Jesus, em João 17:11: "Não ficarei mais no mundo, mas eles ainda estão no mundo, e eu vou para ti. Pai santo, protege-os em teu nome, o nome que me deste, para que sejam um, assim como somos um." Que ele receba tua alegria na medida certa. Por favor, fortalece seu compromisso sacrificial para poder sentir a vida abundante que só tu proporcionas. Em nome de Jesus, amém.

Lembrar: Deus nos santifica para caminharmos fielmente com ele.

135

Proteção contra a obesidade e outros distúrbios alimentares

Acaso não sabem que o corpo de vocês é santuário do Espírito Santo que habita em vocês, que lhes foi dado por Deus, e que vocês não são de si mesmos? Vocês foram comprados por alto preço. Portanto, glorifiquem a Deus com o corpo de vocês.

(1Coríntios 6:19-20)

Louvar a Deus: Que é amor.

Confessar: Qualquer comportamento prejudicial ao corpo que Deus me deu.

Agradecer: Por Deus ter pagado um preço tremendo para que pertençamos a ele.

Pedir a Deus: Ó Deus amoroso, oro para que minha filha saiba que seu corpo é um templo do Espírito Santo, que está nela e que o recebeu de ti. Que possa entender que ela não se pertence; tu a compraste por alto preço. Portanto, que possa te honrar com seu corpo. Ó Senhor, ensina-a a fazer boas escolhas de alimentos e ajuda-me a formular um estilo de vida saudável para ela. Quando ela se sentir pressionada a ser magra e comparar-se com outras, faze-a lembrar-se de que é bela a teus olhos e que foi feita com maravilhoso cuidado. Quando sentir a necessidade obsessiva e compulsiva de se automedicar com comida, que consiga pedir ajuda. Preenche-a com o poder controlador e a presença de teu Espírito. Dá-lhe disciplina para manter um peso saudável. E protege-a contra comportamentos destrutivos que comprometeriam sua saúde e sua vida. Que ela consiga ver por seus próprios olhos o valor da beleza de seu relacionamento amoroso contigo, acima de tudo. Em nome de Jesus, amém.

Lembrar: Nosso Deus amoroso nos valoriza tão altamente que nos escolheu para sermos seu templo.

136

Para que o amor de Deus interfira e impeça a autodestruição

Para que Cristo habite em seus corações mediante a fé; e oro para que vocês, arraigados e alicerçados em amor, possam, juntamente com todos os santos, compreender a largura, o comprimento, a altura e a profundidade.

(Efésios 3:17-18)

Louvar a Deus: Que é amor.

Confessar: As ocasiões em que duvidei do incomensurável amor de Deus por mim.

Agradecer: Pois o amor de Deus por nós é ainda maior do que podemos imaginar.

Pedir a Deus: Pai amoroso, faz as raízes de minha filha se fixarem bem fundo no chão de teu amor maravilhoso. Que ela tenha o poder de compreender como são grandes a largura, o comprimento, a altura e a profundidade de teu amor. Pai, quando descobri que ela estava se autoflagelando, fiquei chocada. Não compreendo por que ela está fazendo isso, mas oro para que cures seja o que cause esse comportamento autodestrutivo. Liberta sua mente de pensamentos errados. Abre seus olhos para ela ver que esse comportamento vem do Inimigo, que está lhe roubando a alegria e a saúde. Retira-a desse poço de raiva, rejeição e dor. Mostra-me como amá-la e ajudá-la. Concede-me a graça de continuar orando por ela, sem desistir. Leva-nos a um conselheiro cristão que possa esclarecer o motivo dessa aflição e frustração de sua alma. Que a identidade dela se ancore firmemente em teu amor incondicional, imensurável e maravilhoso. Em nome de Jesus, amém.

Lembrar: O amor de Deus não tem limites.

137

Deixando os fardos aos cuidados de Deus

Entregue suas preocupações ao SENHOR, e ele o susterá; jamais permitirá que o justo venha a cair.

(Salmos 55:22)

Louvar a Deus: Que é nossa força.

Confessar: As ocasiões em que insisti em carregar meus próprios fardos em lugar de confiá-los ao poder sustentador de Deus.

Agradecer: Por Deus cuidar tanto para ajudar-nos a carregar os fardos da vida.

Pedir a Deus: Ó poderoso Senhor, minha força, oro para que minha filha confie suas preocupações a ti. Peço que tu a sustentes e nunca a desampares. Senhor, ela é mantida presa pelo pensamento equivocado de que tem de fazer tudo ao mesmo tempo. Vejo-a sofrendo com o fardo do medo, da preocupação e da ansiedade que vem com esse pensamento, embora ela tente desesperadamente controlar-se. Temo que isso resulte em grande dano para ela. Por isso te peço, cuidadoso Pai, que a orientes com a tua Palavra de modo que ela ouça tua voz terna e amorosa dizer: "Venha a mim, minha filha; você está carregando fardos muito pesados. Sou capaz de aliviá-la deles e lhe dar a paz. Entregue-os a mim." Por intermédio da força de teu amor e tua graça, ajuda-a a passar todas essas preocupações para ti. Em nome de Jesus, amém.

Lembrar: Deus é forte e poderoso para sustentar-nos.

138

Proteção contra o suicídio

Meus ossos não estavam escondidos de ti quando em segredo fui formado e entretecido nas profundezas da terra. Os teus olhos viram o meu embrião; todos os dias determinados para mim foram escritos no teu livro antes de qualquer deles existir.

(Salmos 139:15-16)

Louvar a Deus: Que é nosso criador.

Confessar: Qualquer pensamento de que Deus não me conhece, não me ama nem cuida de mim.

Agradecer: Por Deus ter me criado, o que foi bom.

Pedir a Deus: Ó Deus criador, louvo-te porque a estrutura de minha filha não foi escondida de ti quando a fizeste em segredo. Quando ela foi entrelaçada nas profundezas da terra, teus olhos viram seu corpo ainda não formado. Todos os dias ordenados para ela foram escritos em teu livro antes que qualquer um deles existisse. Ó Deus, minha filha sofre uma dor insuportável. Ela está desesperada e acha que sua vida nada vale, não tem sentido e é tão desimportante que ela deseja morrer. Pai, tu conheceste minha preciosa filha mesmo antes que eu a recebesse em meu útero. Tens um plano para a vida dela, um propósito para cada um de seus dias. Imploro para que a afastes do desespero e restaures sua esperança pelo poder de teu Espírito. Que possa encontrar esperança em ti, Senhor. Protege-a e cura seu pensamento distorcido. Aproxima-a de médicos e bons conselheiros que possam tratá-la. Preserva sua vida, Senhor, para tua glória e para o bem dela. Em nome de Jesus, amém.

Lembrar: Deus, nosso Criador, estabeleceu cada dia de nossas vidas.

139

Curando uma perda causada por suicídio

O Espírito de Deus me fez; o sopro do Todo-Poderoso me dá vida.

(Jó 33:4)

Louvar a Deus: Que é o doador da vida.

Confessar: As ocasiões em que eu ofendi a Deus por não querer viver.

Agradecer: A Deus, que nos fez e cujo sopro nos dá vida.

Pedir a Deus: Ó Deus de vida, oro para que meu filho compreenda o grande valor que tem, sabendo que o Espírito de Deus o fez e o sopro do Todo-Poderoso lhe dá vida. Que possa compreender como é preciosa essa dádiva de vida, mesmo quando ele sofre a perda de uma pessoa amada por suicídio. Oro para que ele, em sua angústia e perturbação, receba tua proteção e teu consolo para seu coração sofredor. Ele não compreende como alguém que amava poderia cometer uma ação tão trágica. Ajuda-o a extravasar seu medo, sua dor, ira, culpa e seu sentimento de deslealdade, revelando-os a ti. Que possa confiar a ti todas as suas perguntas não respondidas e encontrar esperança e consolação em teu amor. Lembra-lhe que compreendes sua dor e seu sofrimento porque perdeste teu único Filho — Jesus, nosso redentor. Ajuda-o a reconhecer as sementes da redenção nessa perda devastadora e a entrever vislumbres da tua glória. Demonstra-lhe tua profunda compaixão por essa pessoa amada e dá-lhe forças para transmitir teu consolo, teu amor e tua esperança a outros. Em nome de Jesus, amém.

Lembrar: Deus é o Deus da vida e da esperança.

140

Aprender o segredo do contentamento

Sei o que é passar necessidade e sei o que é ter fartura. Aprendi o segredo de viver contente em toda e qualquer situação, seja bem-alimentado, seja com fome, tendo muito, ou passando necessidade.

(Filipenses 4:12)

Louvar a Deus: Que provê.

Confessar: Qualquer queixa da provisão de Deus que torna meu coração ingrato.

Agradecer: Por Deus me prover sempre e com generosidade.

Pedir a Deus: Meu Deus provedor, peço-te que meu filho aprenda o segredo do contentamento em todas as situações, seja com o estômago cheio, seja com fome, com muito ou sem nada. Senhor, tu nos deste o contentamento não como uma dádiva, e sim como algo que querias que aprendêssemos. Então peço que ele tenha um coração receptivo quando tu lhe ensinas a estar contente em todas as circunstâncias. Faze-o lembrar-se de que prometeste prover todas as suas necessidades — materiais, físicas, mentais e espirituais — por intermédio das grandes riquezas de Cristo. Concede-lhe um senso profundo de gratidão e contentamento com o que tu lhe tens proporcionado. Faze-o entender que queixas e lamúrias brotam de um coração descontente e ingrato, o que é pecado. Enche-o com um coração amoroso e confiante, que se alegra com todas as situações, porque está satisfeito com seu relacionamento contigo. Em nome de Jesus, amém.

Lembrar: Deus provê a todas as nossas necessidades.

141

Em guarda contra a ganância

Então lhes disse: "Cuidado! Fiquem de sobreaviso contra todo tipo de ganância; a vida de um homem não consiste na quantidade dos seus bens."
(Lucas 12:15)

Louvar a Deus: Que é todo-suficiente.

Confessar: Qualquer tendência à ganância ou à insatisfação com o que Deus me proveu.

Agradecer: A Deus, que é nosso tudo e nos livra da submissão à ganância.

Pedir a Deus: Amado Senhor todo-suficiente, suplico que minha filha preste atenção à tua advertência de se proteger contra todas as formas de ganância, pois sua vida não consiste na abundância de suas posses. Ela é profundamente tentada a ambicionar todas as coisas que o mundo oferece. Oro contra as mentiras do Inimigo, que diz que ela só pode ser feliz se tiver pilhas de coisas materiais. Ensina-a carinhosamente a sair desse controle e a deixar que tu sejas o regente de sua vida. Retira-lhe esse desejo de querer sempre algo mais. Revela-lhe a verdadeira fonte de seu valor e quanto é abundante a vida de um filho teu. Oro para que ela manifeste paz interior à medida que aprender como se deleitar contigo e não com coisas materiais. Em nome de Jesus, amém.

Lembrar: Deus é todo-suficiente para a vida e a piedade.

142

Fortalecendo-se pela perseverança

Pois vocês sabem que a prova da sua fé produz perseverança. E a perseverança deve ter ação completa, a fim de que vocês sejam maduros e íntegros, sem lhes faltar coisa alguma.

(Tiago 1:3-4)

Louvar a Deus: Que é onisciente.

Confessar: Qualquer falta de compromisso para perseverar em coisas que Deus julga necessárias para que eu cresça em minha fé.

Agradecer: Por Deus nos santificar de modo a estarmos preparados para qualquer coisa!

Pedir a Deus: Ó Deus onisciente, oro para que, quando pedires a minha filha para testar sua fé, ela compreenda que sua perseverança tem chance de crescer. Deixa sua perseverança crescer e desenvolver-se plenamente para ela ter um caráter forte, pronto para tudo. Quando se defrontar com situações difíceis, que encontre conforto em saber que tudo passa primeiro por teu "filtro do amor". Ajuda-a a resistir às mais duras e penosas circunstâncias, confiante de que, mesmo sem compreender por que estás permitindo tais desafios em sua vida, pode crer em ti. Sustenta-a com tua graça para resistir às dificuldades, sem queixas, ataques ou tentativas de afastamento. Que possa perseverar pacientemente a fim de não perder tudo de bom que planejaste para ela. Usa esses testes para aprofundar suas relações contigo e fortalecer sua confiança em ti. Em nome de Jesus, amém.

Lembrar: Nosso Deus onisciente nos santifica com seus testes.

143

Envolvido na vida da igreja

E consideremo-nos uns aos outros para incentivar-nos ao amor e às boas obras. Não deixemos de reunir-nos como igreja, segundo o costume de alguns, mas encorajemo-nos uns aos outros, ainda mais quando vocês veem que se aproxima o Dia.

(Hebreus 10:24-25)

Louvar a Deus: Que é nosso Senhor todo-poderoso.

Confessar: Quaisquer atitudes ou hábitos que impeçam de eu me envolver com minha igreja.

Agradecer: Por Deus ter estabelecido a igreja para realizar boas obras e extravasar seu amor.

Pedir a Deus: Ó Deus todo-poderoso, chefe da igreja, oro para que meu filho considere como estimular os outros a amar e a realizar boas obras. Peço que ele não abandone as reuniões com outros crentes, como é o hábito de alguns, mas que os encoraje ainda mais ao ver que se aproxima o Dia. Pai, que ele possa governar seu coração e tenha intenção de comparecer à igreja. Que vá com a expectativa de te ouvir e desejo de usar tuas dádivas para abençoar, encorajar e edificar os outros. Quando não desejar ir por pensar que a pregação é aborrecida ou por não ter amigos, peço que te obedeça. Ajuda-o a aprender que a obediência sempre traz bênçãos. Teu coração se deleita ao ver a família de Deus unida em unidade e amor. Oro para que, durante a vida, meu filho também deleite teu coração. Em nome de Jesus, amém.

Lembrar: Deus todo-poderoso estabeleceu o corpo da igreja para que todos unidos o adorem.

144

Com as mãos limpas e o coração puro

Quem poderá subir o monte do Senhor?
Quem poderá entrar no seu Santo Lugar?
Aquele que tem as mãos limpas e o coração puro, que não recorre aos ídolos nem jura por deuses falsos. Ele receberá bênçãos do Senhor.
(Salmos 24:3-5)

Louvar a Deus: Que é santo.

Confessar: As ocasiões, aparentemente insignificantes, em que fui ao Senhor com mãos sujas e coração impuro.

Agradecer: Por nosso santo Deus desejar abençoar seu povo santo.

Pedir a Deus: Meu Deus tão repleto de santidade, peço que quando minha filha subir o monte do Senhor e chegar a seu Santo Lugar tenha as mãos limpas e o coração puro, sem erguer a alma a um ídolo nem jurar pelo que é falso. Que possa receber as benções de ti. Agradeço-te por protegê-la para que agora e sempre ela permaneça com um coração puro diante de teus olhos. Ó Senhor, que ela possa caminhar contigo, procurando manter a consciência clara e as mãos limpas de modo que suas ações sejam uma extensão de tuas mãos, que alcançam aqueles que estão perdidos ou têm uma necessidade desesperada. Que as mãos dela transmitam teu toque de conforto e esperança. Que ela tenha um coração puro, não corrompido pelo mundo, entregue a tua divina vontade. Que desfrute de uma vida de bênçãos espirituais graças a sua caminhada contigo. Em nome de Jesus, amém.

Lembrar: Nosso Deus é santo e ama nos abençoar.

145

Confiança na orientação de Deus

Envia a tua luz e a tua verdade; elas me guiarão [...].

(Salmos 43:3)

Louvar a Deus: Que nos guia.

Confessar: Qualquer tendência a me afastar da luz de Deus e da verdade.

Agradecer: Pelas vezes que Deus me guiou para o caminho certo quando eu não sabia que direção tomar.

Pedir a Deus: Deus que guia, envia tua luz e tua verdade para guiar meu filho. Quando nuvens começarem a cobrir o caminho dele, oro para que seu primeiro recurso seja ler tua Palavra e orar. Concede--lhe fé para crer em tua promessa de que a tua Palavra é uma lâmpada para seus pés e uma luz para seu caminho. Que ele possa estar seguro sabendo que amas derramar teu amor sempre que ele pedir. Dá-lhe fé para confiar que tu revelarás tua luz na hora adequada para seu próximo passo. Reforça a fé de que estás com ele, sempre pronto a ajudá-lo e a capacitá-lo para realizar o que lhe mostraste. Peço-te que lhe garantas coragem e força para obedecer a teu plano, mesmo quando parecer que tal plano não tem sentido. Por favor, ajuda-o a ter como hábito cotidiano a busca da luz de tua orientação divina, que dissipará a escuridão a sua volta. Para tua glória e para a alegria dele. Em nome de Jesus, amém.

Lembrar: Deus nos guia por sua luz e verdade.

146

Conhecendo Deus pela oração

Os que conhecem o teu nome confiam em ti [...].

(*Salmos 9:10*)

Louvar a Deus: Que é supremo.

Confessar: Qualquer desinteresse em querer conhecer Deus plenamente e confiar nele totalmente.

Agradecer: Pela plenitude de nosso supremo Deus.

Pedir a Deus: Ó Deus supremo, o grande Eu sou, suplico que minha filha conheça teu nome e confie em ti. Peço-te que frustres as mentiras de Satanás ao tentar minar o conceito que ela tem de quem tu és. Que ela, com aplicação, continue a buscar conhecer-te lendo tua Palavra e louvando teus atributos. Que ela chegue a conhecer-te como sua rocha, sua fortaleza, seu castelo, seu libertador e seu escudo, onde encontrará refúgio. Que ela confie em ti como bondoso, compassivo, lento na ira, rico em amor, fiel, correto e bom em tudo. Ensina-lhe que te louvar é sua maior arma contra os ataques de Satanás. Para cada necessidade, cada problema, cada inadequação ou armadilha que encontre, que louve um atributo de teu caráter supremo dentro do seu coração, dando-lhe paz e forças para sair vitoriosa. Que possa se tornar uma mulher de valor, que exalta teu santo nome. Em nome de Jesus, amém.

Lembrar: Deus é supremo, merecedor de nossa confiança e exaltação.

147

Escolher as diversões com cuidado

Finalmente, irmãos, tudo o que for verdadeiro, tudo o que for nobre, tudo o que for correto, tudo o que for puro, tudo o que for amável, tudo o que for de boa fama, se houver algo de excelente ou digno de louvor, pensem nessas coisas.

(Filipenses 4:8)

Louvar a Deus: Porque ele é santo.

Confessar: Qualquer escolha de diversões nocivas ou inúteis aos olhos de Deus.

Agradecer: Porque nosso santo Deus nos convoca para cultivar mentes e corações puros.

Pedir a Deus: Santo Pai, peço que minha filha escolha o que for verdadeiro, o que for digno, o que for correto, o que for puro, o que for belo e o que merecer admiração. Se uma coisa for excelente ou louvável, que pense sobre isso. Protege-a contra a influência corruptora de diversões que a afastem de uma mentalidade piedosa. Orienta suas decisões e ajuda-a a discernir o que é verdadeiro, puro e louvável em tudo que lê, assiste e ouve. Dá-lhe força para disciplinar não só sua mente e seu coração, mas também o tempo e os recursos destinados à diversão. Que ela saiba rejeitar diversões ímpias e escolha meios que ensinem tua verdade, fortaleçam sua fé e estimulem seu espírito. Que não participe das ações inúteis das trevas e procure tornar-se uma mulher em busca de teu coração. Em nome de Jesus, amém.

Lembrar: Nosso santo Deus quer nos ver focando nossa mente no que for excelente e verdadeiro.

148

Usando a mídia social

Nenhuma palavra torpe saia da boca de vocês, mas apenas a que for útil para edificar os outros, conforme a necessidade, para que conceda graça aos que a ouvem.

(Efésios 4:29)

Louvar a Deus: Porque ele é bom.

Confessar: Qualquer hábito de intriga ou difamação.

Agradecer: A Deus, cujas palavras de graça e verdade nos chamam para o relacionamento com ele.

Pedir a Deus: Ó bondoso Pai, oro para que minha filha não use sua boca para conversas nocivas, mas para o que possa ajudar a edificar os outros conforme suas necessidades e beneficiar os que a ouvem. Peço que tua mão protetora vigie os relacionamentos de minha filha com amigos e colegas. A vida social é muito importante para ela. Dá-me sabedoria para ensiná-la a estabelecer limites apropriados para o conteúdo da mídia social e o tempo que dedica a essa atividade. Quando se comunicar com os outros, aguça-lhe a consciência sobre o impacto do próprio comportamento e não deixes que se envolva em mexericos ou banalidades que possam prejudicar alguém. Quando receber alguma mensagem inapropriada ou ilegal, dá-lhe sabedoria para perceber e reagir corretamente a fim de se proteger e defender os outros. Não deixes que ela receba mensagens e imagens depravadas e aviltantes. Oro para que minha filha tenha cuidado de só usar a mídia social de modo honrado para ti e edificante para os outros. Em nome de Jesus, amém.

Lembrar: Deus quer que nos edifiquemos em amor.

149

Para uma filha longe de casa

Os olhos do Senhor voltam-se para os justos e os seus ouvidos estão atentos ao seu grito de socorro.

(*Salmos* 34:15)

Louvar a Deus: Que está sempre atento.

Confessar: As ocasiões em que sinto que Deus descuidou de mim e sou tentada a acreditar que não me dá importância.

Agradecer: A Deus, que cuida dos justos e ouve suas súplicas.

Pedir a Deus: Ó Pai vigilante, sou muito agradecida por teus olhos estarem voltados para minha filha e teus ouvidos estarem atentos a suas súplicas. Ela está longe de casa, onde não posso vê-la, abraçá-la ou escutar seus pedidos de ajuda. Sinto-me muito desamparada, mas tu, Senhor, sempre estás vigilante, sempre me escutando. Ajuda-a a acreditar que escutas cada oração que ela faz e que atenderás a todas as suas necessidades. Peço que ela não se sinta invisível para ti nem se afaste de tua proteção carinhosa. Dá-lhe paz, convencendo-a de que pode confiar em teu olhar vigilante porque tu lhe tens amor. Que possa confiar em tuas promessas de que não deixarás seu pé escorregar e que a protegerás, atento a suas idas e vindas agora e para sempre. Que possa encontrar grande consolo em saber que teus olhos sempre a observam. Em nome de Jesus, amém.

Lembrar: Nosso Deus nos vigia e sempre ouve nossas orações.

150

Sendo um líder servidor

Jesus lhes disse: "Os reis das nações dominam sobre elas; e os que exercem autoridade sobre elas são chamados benfeitores. Mas, vocês não serão assim. Ao contrário, o maior entre vocês deverá ser como o mais jovem, e aquele que governa como o que serve."

(Lucas 22:25-26)

Louvar a Deus: Que é um servidor.

Confessar: Qualquer tendência a ser arrogante, um líder exigente que domina os outros.

Agradecer: Por Deus ser um líder servidor, que demonstra por seu exemplo como o verdadeiro líder deve servir aos outros.

Pedir a Deus: Deus servidor, oro para que meu filho não seja como os reis e os grandes homens deste mundo, que governam impondo-se aos outros e chamam a si próprios de "amigos do povo". Que ele possa ser diferente. Se for o maior entre os outros, oro para que entre na fileira dos menores e, se for o líder, que seja como um servidor. Tu, Senhor, lhe deste uma liderança e uma oportunidade de liderar. Oro para que ele reconheça que essa dádiva vem de tua mão generosa. Peço-te de todo o coração que ele seja um líder como Jesus, que era conhecido por sua bondade, força de caráter, mansidão e coração servidor. Que meu filho possa a cada dia apresentar-se diante de ti para aprender a liderar da maneira que lideras, com um coração servidor. Em nome de Jesus, amém.

Lembrar: Jesus é o maior líder-servidor.

151

Para ter sucesso na vida

Ele [Davi] tinha êxito em tudo o que fazia, pois o Senhor estava com ele.
(1Samuel 18:14)

Louvar a Deus: Que é amável.

Confessar: As ocasiões em que desejo ter sucesso apartado de Deus.

Agradecer: Por nosso amável Deus abençoar os justos com sucesso.

Pedir a Deus: Querido e amável Pai, oro para que venham a dizer de meu filho o mesmo que diziam de teu servo Davi: que tudo o que fazia alcançava grande sucesso porque o Senhor estava com ele. Pai, protege-o contra as pressões do mundo, que proclamam que o valor do homem é medido por seu sucesso. Oro para que ele mantenha suas prioridades em ordem a fim de não ser esmagado pelo peso da luta para ter sucesso apenas pelos ganhos materiais, projeção social ou aprovação dos outros. Que nunca sacrifique seu relacionamento contigo em troca das aclamações e aplausos do mundo. Senhor, por tua graça, ajuda-o a buscar primeiro teu reino. Impede-o de depender de seus próprios dons e pontos fortes, e ajuda-o a reconhecer que sua adequação vem de ti. Que ele possa encontrar prazer em te honrar ao buscar o sucesso como homem íntegro, fiel, pacífico, sábio, bondoso, competente, tendo o coração puro em tudo o que faz. Eu oro em nome de Jesus, amém.

Lembrar: Deus se deleita em ser amável com todos os que caminham com ele.

152

Alimentar-se com as palavras de Deus

Quando as tuas palavras foram encontradas, eu as comi; elas são a minha alegria e o meu júbilo, pois pertenço a ti, SENHOR Deus dos Exércitos.
(Jeremias 15:16)

Louvar a Deus: Que é a Palavra viva.

Confessar: As ocasiões em que me aproximo relutante da Palavra de Deus, como se fosse mais um dever que uma alegria.

Agradecer: Por Deus nos ter dado sua Palavra para nos trazer alegria e deleite ao alimentar nossos corações e mentes com sua verdade doadora de vida.

Pedir a Deus: Bendita Palavra viva, oro para que meu filho possa proclamar: "Quando as tuas palavras foram encontradas, eu as comi; elas são a minha alegria e o meu júbilo, pois pertenço a ti, SENHOR Deus dos Exércitos." Senhor, tuas palavras não são como outras quaisquer. Elas nos dão vida — de forma abundante e eterna. Peço que meu filho saiba disso e escolha alimentar-se de tua Palavra a cada dia de sua vida. Peço que tua Palavra alimente sua alma, exercite sua mente e o oriente em todos os teus caminhos. Que tuas palavras lhe tragam esperança ao coração, assegurando-lhe forças para o próximo dia. Oro para que ele sinta a incomparável alegria e o prêmio maior de ser obediente a tua Palavra. Em nome de Jesus, amém.

Lembrar: Deus é a Palavra viva, dada para nos nutrir e deleitar.

153

Ter e ser um bom amigo

É melhor ter companhia do que estar sozinho, porque maior é a recompensa do trabalho de duas pessoas. Se um cair, o amigo pode ajudá-lo a levantar-se. Mas pobre do homem que cai e não tem quem o ajude a levantar-se!

(Eclesiastes 4:9-10)

Louvar a Deus: Que é cheio de compaixão.

Confessar: As ocasiões em que não fui uma amiga verdadeira, disposta a ajudar um amigo em necessidade.

Agradecer: Pelos amigos que Deus enviou para estarem a meu lado e me ajudar em horas de necessidade.

Pedir a Deus: Pai compassivo, peço que meu filho se regozije com a verdade de que dois é melhor que um, pois eles têm um bom retorno de seu trabalho. Se um cai, o amigo ajuda-o a levantar-se. Que ele se compadeça daqueles que caem e não têm ninguém para ajudá-los! Oro para que meu filho seja um bom amigo, que dedique tempo e amor a apoiar os outros. Que encontre um amigo que também tenha amor por ti, que deseje obedecer a tuas ordens e caminhar por teus caminhos, e que os dois atendam mutuamente a suas necessidades com o coração compassivo como o teu. Que meu filho possa desfrutar da companhia desse amigo por toda a vida. Peço pelo dom da amizade em nome de Jesus, amém.

Lembrar: O coração de Deus é compassivo e amoroso, não deseja que ninguém lute sozinho.

154

Confiando em Deus diante de doenças terminais

Clamo ao Deus Altíssimo, a Deus, que para comigo cumpre o seu propósito.
(Salmos 57:2)

Confie no Senhor de todo o seu coração e não se apoie em seu próprio entendimento.
(Provérbios 3:5)

Louvar a Deus: Que é o Senhor Altíssimo.

Confessar: Quando hesito em confiar no Senhor de todo o meu coração.

Agradecer: Porque o Senhor Deus Altíssimo é fiel em cumprir seu propósito para mim.

Pedir a Deus: Clamo pelo Deus Altíssimo, por Deus, que cumpre seu propósito com relação a meu filho. Que ele confie em ti de todo o coração e não dependa de seu próprio entendimento. Estou pedindo, Senhor, porque os dias de meu filho na terra estão chegando ao fim. Oro para que durante seus derradeiros dias ele confie que teu perfeito propósito para sua vida está sendo cumprido. Em meio da dor, do desconhecido e do medo, por favor, manifesta teu amor infalível, teu cuidado e teu suave conforto para o coração dele. Revela-lhe que sua vida, mesmo no leito, traz glória para ti. Que sua fé em ti brilhe sobre todos que estiverem com ele. Quando chegar o momento marcado para levá-lo, assegura-lhe a paz de saber que Jesus lhe preparou um lugar especial no céu. Agradeço-te por não tratares levianamente a morte de teus santos, nem de tratar levianamente a morte de meu filho. Esta promessa consola meu coração. Que seja feita tua vontade. Em nome de Jesus, amém.

Lembrar: Podemos confiar no Deus Altíssimo até mesmo quando não compreendemos seus caminhos.

155

Consolo após a morte de um ente querido

Temos, pois, confiança e preferimos estar ausentes do corpo e habitar com o Senhor.

(2Coríntios 5:8)

Louvar a Deus: Que é nosso consolo.

Confessar: Qualquer dureza de coração ou descrença que rejeite o consolo oferecido por Deus.

Agradecer: Porque nosso Deus de consolo nos dá a esperança de permanecer diante dele para sempre.

Pedir a Deus: Deus de todo o consolo, oro para que minha filha acredite que a ausência do corpo significa estar em casa contigo. Que essa verdade lhe dê um suave conforto, como um cobertor quente sobre seu coração. Que ela possa encontrar alívio sabendo que, no momento em que seu amado fechou os olhos na terra, abriu-os no céu, onde pode te ver face a face. Dá-lhe a paz e a consciência de que os braços amorosos de Jesus acolhem em seu novo e eterno lar cada filho de Deus que morre. Que isso possa lhe dar verdadeira esperança em meio à dor. Embora não compreenda por que seu amado morreu, aumenta a fé em seu coração. Consola-a com a lembrança de que até mesmo Jesus chorou com a morte de Lázaro, alguém a quem amava tanto. Pai amoroso, tu prometeste renovar os corações partidos e curar aqueles que choram. Peço-te que faça as duas coisas por minha filha. Em nome de Jesus, amém.

Lembrar: Nenhuma perda está fora de alcance do consolo curativo de Deus.

156

Viver à luz do amor

Quem ama seu irmão permanece na luz, e nele não há causa de tropeço. Mas quem odeia seu irmão está nas trevas e anda nas trevas; não sabe para onde vai, porque as trevas o cegaram.

(1João 2:10-11)

Louvar a Deus: Porque ele é luz.

Confessar: Quando saí da luz do amor de Deus e retirei-a de outros.

Agradecer: Porque o perdão de Deus nos liberta do poder escuro do ódio para caminharmos sob a luz de seu amor.

Pedir a Deus: Ó Luz Bendita, peço-te que meu filho ame seu irmão e viva na luz, onde nada o fará tropeçar. Ajuda-o a ver que, se ele odiar seu irmão, estará nas trevas e vagueará na escuridão; ele não sabe para onde está indo, porque as trevas o cegaram. Ajuda-o a lembrar-se de que só por teu amor e tua graça seus pecados são perdoados; portanto, ajuda-o a perdoar logo os outros. Que ele deseje ter um coração limpo diante de ti. Concede-lhe um coração que busca teu perdão por causar dor aos outros. Por favor, liberta seu coração dos sentimentos de ódio, que tão facilmente nos dominam quando os relacionamentos são difíceis. Que ele possa caminhar livremente em tua luz de amor e não na escuridão do ódio. Em nome de Jesus, amém.

Lembrar: A luz do amor de Deus liberta do cativeiro das trevas.

157

Seguir e ensinar com fidelidade os caminhos de Deus

Ame o Senhor, o seu Deus, de todo o seu coração, de toda a sua alma e de todas as suas forças. Que todas estas palavras que hoje lhe ordeno estejam em seu coração. Ensine-as com persistência a seus filhos. Converse sobre elas quando estiver sentado em casa, quando estiver andando pelo caminho, quando se deitar e quando se levantar.

(Deuteronômio 6:5-7)

Louvar a Deus: Que é nosso mestre.

Confessar: As ocasiões em que descuidei de imprimir a Palavra de Deus no coração de meus filhos.

Agradecer: Por Deus ensinar tudo de que precisamos para a vida e para a santidade por intermédio de sua Palavra.

Pedir a Deus: Ó grande Mestre, oro para que meu filho te ame com todo o coração, alma e forças, e que teus mandamentos estejam em seu coração para que ele possa transmiti-los aos próprios filhos. Oro para que fale sobre eles com seus filhos, quando estiverem em casa, quando passearem juntos e quando se deitarem e se levantarem. Dá a meu filho a paixão de aprender teus caminhos e obedecer a teus mandamentos todos os dias de sua vida. Que ele seja um aluno fiel de tua Palavra doadora de vida e ensine-a com dedicação a seus filhos para que as sucessivas gerações de nossa família te amem e obedeçam. Concede-nos esse legado de fé por teu reino e tua glória. Em nome de Jesus, amém.

Lembrar: Deus ama seus filhos e é fiel a cada geração que faz o que é justo e bom de acordo com sua visão.

158

Ser bondoso com todos

Tenham cuidado para que ninguém retribua o mal com o mal, mas sejam sempre bondosos uns para com os outros e para com todos.
(1Tessalonicenses 5:15)

Louvar a Deus: Porque ele é bondoso.

Confessar: As ocasiões em que retalio, ainda que minimamente, aqueles que me ofenderam.

Agradecer: Por que Deus não favorece ninguém, mas quer que todos sejam bondosos e sejam tratados com bondade.

Pedir a Deus: Ó meu Pai tão bondoso, peço-te que minha filha não retribua o mal com o mal, que sempre procure ser bondosa com todos. Senhor, muitas meninas fazem comentários pouco amáveis e ofensivos contra outras — até mesmo contra suas melhores amigas. Oro para que tu protejas minha filha para que ela não participe desse hábito nefasto e potencialmente destrutivo. Preenche-a com teu Espírito amoroso para que, esteja ela com amigos ou com estranhos, suas palavras bondosas lhes tragam encorajamento e sejam um bálsamo para os corações feridos e doloridos. Que sua bondade brilhe como a luz de teu amor nos lugares escuros. Em nome de Jesus, amém.

Lembrar: Deus é bondoso e terno com tudo que criou.

Que seja feito o bom trabalho de Deus!

Estou convencido de que aquele que começou boa obra em vocês vai completá-la até o dia de Cristo Jesus.

(Filipenses 1:6)

Louvar a Deus: Porque ele é supremo.

Confessar: O pecado da descrença.

Agradecer: Porque o Deus supremo do céu e da terra está planejando a vida de meu filho mesmo que eu não o veja.

Pedir a Deus: Ó Deus supremo, oro para que o bom trabalho que começaste na vida de meu filho prossiga até se completar no dia de Jesus Cristo. Agradeço-te pela inacreditável esperança de que estejas te encarregando de meu filho e tenhas um propósito para sua vida preciosa. Oro para que ele não se rebele contra teu bom trabalho pela sua salvação e que seja imbuído de um temor reverencial tão profundo diante de ti que deseje apenas viver de acordo com teu plano perfeito. Não permitas que ele tome decisões que o fariam seguir um mau caminho. Que possa compreender que seus planos egoístas não poderiam se comparar a teu maravilhoso plano eterno. Que possa, pelo poder de teu Espírito Santo, escolher a estrada reta e estreita que leva à realização do bom trabalho que tu iniciaste quando ele pediu para entrar em seu coração. Senhor, dá-me grande alegria saber que o bom trabalho que começaste em sua vida será realizado até ser concluído. Aleluia! Em nome de Jesus, amém.

Lembrar: Deus reina de forma suprema e concluirá seu bom trabalho em nós.

160

Sem medo de fracassar

Pois eu sou o Senhor, o seu Deus, que o segura pela mão direita e lhe diz: Não tenha medo; eu o ajudarei.

(Isaías 41:13)

Louvar a Deus: Porque o Senhor está aqui.

Confessar: Quando permito que o Inimigo encha de medo meu coração, fazendo-me esquecer que meu Senhor está aqui para me ajudar.

Agradecer: Porque o Senhor toma a minha mão e me afasta do medo.

Pedir a Deus: Ó Senhor que estás presente, oro para que meu filho saiba que és seu Senhor, que seguras sua mão direita dizendo-lhe: "Não temas, eu o ajudarei." Por favor, ajuda-o a perceber que seu medo de fracassar é uma batalha espiritual. Mostra-lhe que o Inimigo usa esse medo para imobilizá-lo e paralisá-lo, impedindo-o de experimentar uma vida feliz e produtiva. Peço que o ajudes a tirar os olhos de si próprio e os focalize em ti, confiando a ti toda a ajuda de que necessita. Que sua confiança aumente à medida que ele acreditar em tua promessa de que estarás lá, segurando sua mão, sempre que tentar alguma coisa, sentir-se vulnerável ou tiver medo. Permite que ele tenha uma sensação tão forte de tua presença que seus temores se dissolvam em fé. Peço, em nome de Jesus, que o espírito de medo seja destruído e substituído por teu espírito de poder, de amor e de autodisciplina. Em nome de Jesus, amém.

Lembrar: Quando Deus segura nossa mão direita, temos toda a ajuda de que necessitamos.

161

Lutar por uma vida vitoriosa

O que é nascido de Deus vence o mundo; e esta é a vitória que vence o mundo: a nossa fé.

(1João 5:4)

Louvar a Deus: Que é nosso vencedor.

Confessar: Quando me senti inclinada a desviar-me da fé.

Agradecer: A bandeira do Senhor sobre mim é sempre de amor e vitória.

Pedir a Deus: Ó Pai vitorioso, oro para que meu filho viva na vitória desta verdade: todos que nascem de Deus conquistam o mundo. Essa foi a vitória que conquistou o mundo, até mesmo sua fé. Liberta meu filho das mentiras de Satanás, que tenta, constantemente, convencê-lo a desconfiar do seu Deus, a desanimar quando suas orações não têm resposta e a desistir de seguir Cristo. Ó Senhor, põe na cabeça dele a determinação de não fugir das batalhas que enfrenta, mas de lutar de todo o coração a boa luta da fé. Quando estiver inclinado a se desviar, ajuda-o a inspirar-se em Cristo e na sua esmagadora vitória na cruz. Pelo poder de teu Espírito Santo, dá-lhe a satisfação de uma vida vitoriosa em Cristo. Não permitas que ele experimente a perda trágica de uma vida insubmissa e ineficaz para teu reino. Em nome de Jesus, amém.

Lembrar: Deus é nossa bandeira, nosso vitorioso que conquistou o mundo.

162

Corrigindo um comportamento hostil

> *[Eles] não quiseram aceitar o meu conselho e fizeram pouco caso da minha advertência, [por isso] comerão do fruto da sua conduta e se fartarão de suas próprias maquinações [...] Mas quem me ouvir viverá em segurança e estará tranquilo, sem temer nenhum mal.*
>
> (Provérbios 1:30-31, 33)

Louvar a Deus: Que é justo.

Confessar: As ocasiões em que agi com espírito rebelde e hostil.

Agradecer: Porque Deus é absolutamente justo em todo o que faz.

Pedir a Deus: Ó Justo Pai, oro para que meu filho não rejeite teu conselho nem se recuse a prestar atenção quando o corrigires para que não venha a comer do fruto amargo de viver a seu próprio modo. Que possa te ouvir para viver em paz e segurança, sem medo de qualquer mal. Seu comportamento está se tornando cada vez mais hostil. Ele se recusa a obedecer e chega a agir de modo destruidor. Ó Senhor, liberta-o desse comportamento que o prejudica física, mental, emocional e espiritualmente. Humilha seu coração para ele se arrepender desse pecado. Que ele creia na promessa de que tu és fiel e justo, e estás disposto a perdoar seu pecado e dar-lhe um novo e puro começo. Por favor, transforma seu coração rebelde em um coração atencioso e obediente, que se regozija com os benefícios da obediência: alegria, nenhum mal para si ou para os outros e nenhum medo de castigo. Que ele possa aprender que, quando for tentado a se rebelar, o poder do Espírito Santo que vive nele o ajudará a fazer o que é certo se pedir ajuda. Em nome de Jesus, amém.

Lembrar: Deus é justo, absolutamente correto, e sempre leal em tudo o que faz.

163

Sentir o amor de Deus em meio a um divórcio

Oro para que [...] Cristo habite em seus corações mediante a fé; e oro para que vocês, arraigados e alicerçados em amor, possam, juntamente com todos os santos, compreender a largura, o comprimento, a altura [d]o amor de Cristo [...].

(Efésios 3:16-19)

Louvar a Deus: Por seu amor generoso.

Confessar: Quaisquer atitudes ou ações que possam ter contribuído para meu divórcio, assim como qualquer persistente amargura ou raiva.

Agradecer: Pela generosidade do amor de Deus que habita em nosso coração graças à fé.

Pedir a Deus: Ó Deus de amor generoso, oro para que Cristo possa habitar no coração de minha filha pela fé e que ela se enraíze e se estabeleça no amor. Concede-lhe, com todos os santos, o poder de perceber que o amor de Cristo é profundo, alto e amplo. Pai, confio minha filha a teu amor generoso e oro para que ela o sinta de um modo profundamente pessoal. Como eu, ela sofreu a grande dor do divórcio e sente-se destruída. Deus amado, protege seu coração terno durante esse período difícil. Consola-a e ajuda-a a compreender que nada disso é culpa dela. Ancore-a tão profundamente em teu amor que nada abalará sua confiança em ti. Por favor, quebra o ciclo de divórcio nesta família e capacita-nos a viver em paz uns com os outros. Em nome de Jesus, amém.

Lembrar: O amor generoso de Deus nos dá uma base sólida para viver.

164

Ajustando a vida numa família mista

Tudo posso naquele que me fortalece.

(Filipenses 4:13)

Louvar a Deus: Porque ele é todo-suficiente.

Confessar: As ocasiões em que contribuí para o caos ou a desordem de minha família.

Agradecer: Por Cristo ser todo-suficiente para me ajudar a fazer o que parece impossível.

Pedir a Deus: Deus todo-suficiente, peço que meu filho faça tudo com a ajuda de Cristo, que lhe dá a força de que precisa. Peço que fique firme nessa promessa enquanto procura seu lugar na sua nova família mista. O divórcio e o novo casamento viraram seu mundo de cabeça para baixo. Senhor, espero que ele saiba que tu o amas profundamente e que o ajudarás a lidar com tudo pelo qual está passando. Assegura-lhe esperança e paz em meio a essa tempestade. Ajuda-o a voltar-se para ti ao pôr em ordem suas emoções e as dores que ainda estão dentro dele. Dá-me sabedoria para saber como e quando reafirmar-lhe meu amor. Faço esta oração também por meus netos. Nós precisamos de tua ajuda e força ao interagirmos uns com os outros. Oro para que possamos estabelecer uma relação saudável e respeitosa entre nós. Ajuda-nos a nos tratarmos de forma que te traga glória. Em nome de Jesus, amém.

Lembrar: Deus é suficiente para cada uma de nossas necessidades.

165

Para os solteiros

A quem tenho nos céus senão a ti? E na terra, nada mais desejo além de estar junto a ti. O meu corpo e o meu coração poderão fraquejar, mas Deus é a força do meu coração e a minha herança para sempre.

(Salmos 73:25-26)

Louvar a Deus: Que é todo-suficiente.

Confessar: Quando meu próprio coração não está satisfeito com a suficiência de Deus.

Agradecer: Por Deus ser suficiente em nos amar com tanta perfeição e para sempre.

Pedir a Deus: Pai todo-suficiente, peço que minha filha possa proclamar: "A quem tenho nos céus senão a ti? E na terra, nada mais desejo além de estar junto a ti. O meu corpo e o meu coração poderão fraquejar, mas Deus é a força do meu coração e a minha herança para sempre." Ó Senhor, que ela possa dizer: "Se tenho a ti, Senhor Jesus, tenho o bastante." Oro para que tu uses a dor e a solidão de estar solteira nessa fase da vida para aproximá-la mais de ti. Que ela possa confiar em teu coração para proporcionar-lhe todos os relacionamentos importantes da vida. Que encontre valor e satisfação em ti e acolha todas as bênçãos espirituais que lhe deste em Cristo. Quando seu coração se inclinar para autocompaixão e queixas, que ela prefira se satisfazer em ti. Em lugar de sentir-se vazia, que possa ser preenchida pela plenitude de Cristo e experimente a alegria e a paz de teu Espírito pairando sobre sua vida. Senhor, se ficar solteira for uma escolha dela, oro para que se consagre totalmente a ti e dependa de ti com toda sua força e felicidade. Em nome de Jesus, amém.

Lembrar: Deus é bastante para cada uma de nossas necessidades.

166

Para proteger-se nos compromissos: cuidado na escolha dos relacionamentos

Acautele-se para não fazer acordo com aqueles que vivem na terra para a qual você está indo, pois eles se tornariam uma armadilha.

(Êxodo 34:12)

Louvar a Deus: Que é íntegro.

Confessar: Qualquer tendência a procurar pessoas que rejeitam os caminhos de Deus.

Agradecer: Por Deus, nosso Pai íntegro, cuidar de nosso bem-estar.

Pedir a Deus: Pai da integridade, peço-te que meu filho tenha grande cuidado para não se relacionar com pessoas que vivem na terra para onde ele está indo. Se o fizer, estará seguindo maus caminhos e cairá numa armadilha. Senhor, ele vai para essa escola todos os dias. Por favor, protege-o contra escolhas que possam comprometer ou enfraquecer sua fé. Ajuda-o a viver de acordo com suas convicções e a não se relacionar com aqueles que possam afastá-lo do caminho correto. Unge-o para que ele se mantenha firme em sua fé e seja um bom líder, que não se envergonhe de relacionar-se com outros crentes. Dá-lhe sabedoria para reconhecer as tentações que possam seduzi-lo e afastá-lo de ti. Pelo poder de teu Espírito Santo, coloca um escudo em seu coração e em sua mente e dá-lhe forças para resistir a tentações de imoralidade, drogas, álcool, pornografia, linguagem vulgar, desrespeito e filosofias que possam abalar sua fé. Oro para que tua integridade chova sobre essa terra, a escola dele. Em nome de Jesus, amém.

Lembrar: Nosso íntegro Pai não quer que sejamos apanhados em práticas de maus costumes.

Força ao ser perseguido por causa de Cristo

Bem-aventurados serão vocês quando, por minha causa, os insultarem, perseguirem e levantarem todo tipo de calúnia contra vocês. Alegrem-se e regozijem-se, porque grande é a recompensa de vocês nos céus [...].
(Mateus 5:11-12)

Louvar a Deus: Que é nosso guerreiro.

Confessar: Quando receio ser ridicularizada ou afastada por causa de minha fé.

Agradecer: Porque Deus, nosso guerreiro, já venceu a batalha contra o mal.

Pedir a Deus: Querido Deus guerreiro, abençoa meu filho quando as pessoas o insultarem, perseguirem e disserem todo tipo de falsidades contra ele por causa de ti. Que ele se regozige e se sinta feliz, porque maior será seu prêmio no céu. Meu filho está crescendo em um mundo hostil ao conhecimento de Cristo. Ajuda-o a manter-se forte nas suas crenças, sabendo que tu protegerás aqueles que permanecem unidos a ti. Fortalece-o com a verdade de que és o guerreiro a seu lado direito para que ele não se intimide diante daqueles que o atacam, ridicularizam ou tentam molestá-lo em razão de sua fé. Peço que ele, como Sadraque, Mesaque e Abede-Nego, que não se inclinariam para adorar outros deuses, prefira valentemente obedecer a ti e não aos outros. Que ele possa ser intransigentemente honesto, bom, sábio e compassivo ao falar a verdade e determinado em suas convicções de sofrer por Cristo. Abençoa-o com a alegria. Encoraja-o, lembrando-lhe de que seu prêmio será maior no céu. Em nome de Jesus, amém.

Lembrar: Deus é nosso guerreiro, que está do nosso lado direito.

168

Um refúgio e uma força nos desastres

Deus é o nosso refúgio e a nossa fortaleza, auxílio sempre presente na adversidade. Por isso não temeremos, embora a terra trema e os montes afundem no coração do mar.

(Salmos 46:1-2)

Louvar a Deus: Que é nosso refúgio.

Confessar: O temor oculto em mim de não contar com Deus nas dificuldades.

Agradecer: Por Deus prometer que será nosso refúgio, força e ajuda em tempos difíceis.

Pedir a Deus: Ó bendito Deus, meu refúgio, oro para que minha filha se volte para ti como seu refúgio e força, uma ajuda sempre presente nas dificuldades. Que possa não temer, por mais que a terra trema e os montes afundem no mar. Senhor, diante das notícias de tantas inundações, incêndios, temporais, terremotos, tornados e furacões, minha filha costuma ter medo. Ela indaga por que deixas esses desastres acontecerem. Peço que lhe concedas uma segurança tranquila de que tu, criador e dono do universo inteiro, estás no controle. Faze-a confiar que tu vês e cuidas de tudo o que acontece. Ajuda-a a compreender que és um refúgio e uma ajuda sempre presente para aqueles que perderam tudo. Que ela se volte para ti em oração, pedindo-te para fortaleceres os trabalhadores resgatados, consolares os feridos e sofredores, e salvares os que não conhecem Cristo. Dá-lhe a convicção de que suas orações fazem diferença. Conforta-a com a garantia de que pode contar contigo para produzir o bem a partir de qualquer desastre, porque tu és um bom Deus. Em nome de Jesus, amém.

Lembrar: Nosso Pai celestial é bom, e podemos confiar que ele é um refúgio seguro.

Trocando o medo pela paz

Deixo-lhes a paz; a minha paz lhes dou. Não a dou como o mundo a dá. Não se perturbem os seus corações, nem tenham medo.

(João 14:27)

Louvar a Deus: Porque seu Filho, Jesus, é o Príncipe da Paz.

Confessar: As ocasiões em que meu coração se encheu mais de medo que de paz.

Agradecer: Porque Jesus está pronto para libertar a mim e a meu filho de todos os medos.

Pedir a Deus: Ó Príncipe da Paz, peço-te que meu filho acredite que tu lhe dás a paz e que a paz que lhe dás é diferente da paz do mundo. Não deixes que o coração dele se perturbe e não o deixes ter medo. Meu coração sofre ao vê-lo tão ansioso e temeroso a respeito de tantas coisas. Ó Pai, que esses temores o levem a um lugar de oração para te pedir que lhe concedas a paz. Que ele acredite que responderás a sua oração e lhe darás um coração calmo e uma mente serena. Que ele saiba que és bom e cem por cento confiável para trocar seus medos por tua paz. Em nome de Jesus, amém.

Lembrar: Jesus é o Príncipe da Paz.

170

Reagindo ao *bullying*

[...] Quando eles clamarem ao SENHOR por causa dos seus opressores, ele lhes enviará um salvador e defensor que os libertará.

(Isaías 19:20)

Louvar a Deus: Que é nosso defensor.

Confessar: Que não perdoei aqueles que me ofenderam.

Agradecer: Porque Deus, que nos defende, também cuida profundamente daqueles que me atacam.

Pedir a Deus: Ó Senhor, meu defensor, peço-te que minha filha te peça socorro contra seus opressores, sabendo que tu enviaste um salvador e um defensor para salvá-la. Meu coração padece ao saber que ela está sendo vítima de *bullying* na escola e que, apesar de suas queixas, esse comportamento não cessou. Ela está se sentindo desprezível e desvalorizada por causa dos insultos contínuos. Ó Pai, protege minha filha. Guarda-a contra esses ataques. Por favor, salva-a. Manda um professor, um amigo, alguém para testemunhar esses atos e enfrentar o opressor. Como resultado dessa provação, peço que desenvolvas nela um espírito de perdão e de oração contra os que praticam o *bullying*. Concede-lhe coragem para enfrentar essa criança, consciente de que tu és seu defensor e estás atento ao que está acontecendo. Em nome de Jesus, amém.

Lembrar: Deus é nosso defensor.

171

Proteger-se contra falsos ensinamentos

Tenham cuidado para que ninguém os escravize a filosofias vãs e enganosas, que se fundamentam nas tradições humanas e nos princípios elementares deste mundo, e não em Cristo.

(Colossenses 2:8)

Louvar a Deus: Pois ele é a verdade.

Confessar: As ocasiões em que ouço e levo a sério as mentiras do Inimigo.

Agradecer: Por Deus me revelar sua verdade por meio de sua Palavra e de seu Espírito.

Pedir a Deus: Deus de toda a verdade, peço-te que meu filho resista a quem quer que tente extraviá-lo com filosofias vazias e disparates sem sentido, que surgem do pensamento humano e dos poderes malignos deste mundo e não de Cristo. Oro para que tu lhe concedas compreensão espiritual para que ele seja perspicaz e criterioso em sua sala de aula. Que possa rapidamente reconhecer os ensinamentos humanísticos pelo que são. Protege sua mente contra ensinamentos vazios e sem valor que o iludam e o afastem de ti e das bênçãos que tens para sua vida. Peço-te que submeta todos os seus pensamentos à obediência a Cristo. Concede-lhe um santo desejo de buscar nas Escrituras tuas palavras de verdade e de vida. Em nome de Jesus, amém.

Lembrar: Deus é a verdade e não mente.

172

Enfrentando o pecado oculto

Quem esconde os seus pecados não prospera, mas quem os confessa e os abandona encontra misericórdia.

(Provérbios 28:13)

Louvar a Deus: Por sua grande misericórdia.

Confessar: Qualquer pecado que me tenha tirado a alegria de meu relacionamento com Cristo.

Agradecer: Porque não importa quantas vezes precisemos ir a Cristo em arrependimento, nosso Deus misericordioso sempre perdoará.

Pedir a Deus: Ó Deus tão misericordioso, peço que minha filha não oculte seus pecados, pois não prosperará se perseverar neles. Peço que ela os confesse e renuncie a eles e encontre misericórdia. Sinto-me arrasada por saber que ela está vivendo uma vida dupla, fazendo coisas erradas e tentando ocultar sua desobediência. Agradeço-te por teres trazido à luz o que estava no escuro e peço que prepares o coração dela para ser humilde e arrepender-se quando for confrontada com seu pecado. Que possa ver que o que fez é contrário a tua Palavra e a afasta de ti e de nossa família. O inimigo de sua alma quer que ela acredite que seu pecado não é tão grande. Senhor, faze-a reconhecer e renunciar a esse pecado, receber tua santa misericórdia e sentir a alegria de começar de novo. Em nome de Jesus, amém.

Lembrar: Nosso Deus misericordioso acolhe todos os filhos arrependidos com braços abertos e amorosos.

173

Recebendo o amor misericordioso de Deus

Mas quando se manifestaram a bondade e o amor pelos homens da parte de Deus, nosso Salvador, não por causa de atos de justiça por nós praticados, mas devido à sua misericórdia, ele nos salvou pelo lavar regenerador e renovador do Espírito Santo.

(Tito 3:4-5)

Louvar a Deus: Porque ele é misericordioso.

Confessar: Minhas tendências a julgar os outros e a não mostrar misericórdia.

Agradecer: Por eu não ter tido de fazer nada para receber a salvação misericordiosa de Deus.

Pedir a Deus: Ó Deus misericordioso, imploro que meu filho perceba que Deus, seu salvador, mostrou-lhe bondade e amor. Tu o salvaste, não pelas boas coisas que fez, mas por tua misericórdia. Tu lavaste todos os seus pecados e lhe deste uma vida nova por meio de teu Espírito Santo. Ó Senhor, abre-lhe os olhos espirituais, fazendo-o ver quanto é profundo, apaixonado e misericordioso teu amor por ele. Tu sabes como são frequentes as lutas que ele trava para crer nessa verdade, pois não perdoa a si próprio por seus pecados do passado. Ajuda-o a aceitar teu perdão imerecido, dado a ele sem qualquer custo devido à grande bondade e ao sacrifício de Cristo. Revela-lhe que teu perdão o liberta da culpa do pecado. Que ele possa crer nessa verdade pela fé e viva na beleza do teu perdão. Em nome de Jesus, amém.

Lembrar: Deus é misericordioso, não nos dando o que merecemos.

174

Adotados desde o passado eterno

Em amor nos predestinou para sermos adotados como filhos por meio de Jesus Cristo, conforme o bom propósito da sua vontade.

(Efésios 1:5)

Louvar a Deus: Nosso *Aba*, Pai.

Confessar: As ocasiões em que não reconheci meu valor como filha preciosa de Deus.

Agradecer: Porque, por intermédio do grande amor e bondade de Deus, fui adotada como sua filha por toda a eternidade.

Pedir a Deus: Querido *Aba* Pai, agradeço-te por teres predestinado meu filho a ser adotado por ti por intermédio de Jesus Cristo, conforme a bondosa intenção de tua vontade. Que ele saiba que és seu Papai do Céu. Busco a ti para tirares seu medo de rejeição e abandono, substituindo-o por um relacionamento de alegria e confiança profunda em ti. Por teu exemplo de adoção espiritual, dá-lhe a compreensão de quanto é especial também sua adoção terrena. Ajuda-o a saber, no fundo de seu ser, que eu o vejo como meu próprio filho. Dá-lhe a alegria de compreender que, antes da fundação do mundo, tu decidiste aproximar-nos numa família terrena, assim como planejaste que compartilhássemos da tua família celestial. Que eu, como sua mãe, possa manifestar-lhe sob uma forma que ele consiga entender como tua bondade amorosa é incondicional e maravilhosa. Capacita-o a sentir-se plenamente amado e aceito em minha família e em tua. Em nome de Jesus, amém.

Lembrar: Deus, nosso Papai, é amoroso e bom.

175

Compreensão para uma criança com necessidades especiais

Se algum de vocês tem falta de sabedoria, peça-a a Deus, que a todos dá livremente, de boa vontade; e lhe será concedida.

(Tiago 1:5)

Louvar a Deus: Que é sábio.

Confessar: Quando contesto a sabedoria de Deus por ter criado meu filho como ele é.

Agradeço: Pela sabedoria de Deus em criar meu filho único e especial, que reflete a sua glória.

Pedir a Deus: Deus onisciente, em favor de meu filho, a quem falta a compreensão terrena, peço a tua sabedoria. Tu dás com prodigalidade a todos, sem exceção, e confio que lhe darás compreensão. Senhor, não sei se meu filho algum dia conseguirá ler a tua Palavra ou compreender o que tentamos lhe ensinar sobre ti; por isso, peço para ele um coração com a compreensão vinda de ti, seu criador. Dá-lhe um coração puro e tranquilo. Por meio dos muitos desafios que ele encontrar pela vida, por favor, mostra-lhe que o amas e cuidas dele. Faze-o saber que é teu único, belo e precioso filho, criado para tua glória. Que possa confiar em ti como amigo e Salvador, que nunca o abandonará. Que ele conheça a alegria de depender de ti, glorificando-te por toda a sua vida. Em nome de Jesus, amém.

Lembrar: Deus tem uma sabedoria além de nossa compreensão.

176

Carinho e amor para uma criança com necessidades especiais

Amados, visto que Deus assim nos amou, nós também devemos amar-nos uns aos outros. Ninguém jamais viu a Deus; se nos amarmos uns aos outros, Deus permanece em nós, e o seu amor está aperfeiçoado em nós.
(1João 4:11-12)

Louvar a Deus: Que é amor.

Confessar: Quando sou pouco amorosa com os que me cercam.

Agradecer: Por Deus viver em nós e nos dar o privilégio de manifestar seu grande amor aos outros.

Pedir a Deus: Ó Pai todo amoroso, já que amas tanto a minha filha que tem necessidades especiais, suplico que aqueles que te conhecem também a amem. Ninguém jamais te viu, bondoso Pai, mas se nós amarmos uns aos outros tu viverás em nós e teu amor se completará em nós. Devido aos cuidados diários que minha filha requer, peço teu carinho e amor por toda sua vida. Aos olhos do mundo ela parece fraca e, para alguns, até mesmo um fardo inútil, mas a teus olhos, Senhor, ela é uma filha bem-amada, uma dádiva preciosa confiada a nosso cuidado. Mantém nossos olhos e corações abertos para tudo que ela tiver a nos dar e a nos ensinar. Oro para que reveles o poder de teu amor em sua vida. Cerca-a com a família, os amigos e uma igreja amorosa, que a abrace e a inclua. E quando eu for tirada dela, conserva-a sob teus cuidados, por meio das mãos compassivas e caridosas de outros que te amam. Em nome de Jesus, amém.

Lembrar: Deus nos ama além do que podemos imaginar.

177

Consolo por ter um pai terrestre distante

"E lhes serei Pai, e vocês serão meus filhos e minhas filhas", diz o Senhor Todo-poderoso.

(2Coríntios 6:18)

Louvar a Deus: Que é nosso Pai.

Confessar: A distância que permito em meu relacionamento com meu Pai celestial.

Agradecer: Por Deus ser um Pai perfeito e amoroso.

Pedir a Deus: Pai celestial, meu filho sente profundamente a falta de seu pai. Oro para que ele encontre consolo e valor na tua promessa de que tu, Senhor todo-poderoso, serás um Pai para ele e que ele será teu filho. Ajuda-o a lembrar que, ao te receber em seu coração, tu lhe deste o direito de se tornar seu filho. Consola seu coração com o entendimento de que tu, seu Pai amoroso, nunca o deixarás nem o abandonarás. Dá-lhe fé para acreditar que o amas incondicionalmente, que o chamas pelo nome e que planejas para ele um futuro e uma esperança. Que ele se alegre ao saber que te regozijas por ele em cânticos e que o velas bem de perto. Em todo lugar que for e em tudo o que fizer, possa ele olhar para o alto e dizer confiante: "Pai, estás aqui!" Que ele se aproxime cada vez mais de teu coração amoroso, confiando que tu ouvirás e responderás a cada uma de suas orações. Que tu possas ser mais real para ele do que qualquer pai terrestre seria. Peço isso em nome de Jesus, amém.

Lembrar: Deus, nosso Pai, nos chama de filhos e filhas, e nunca nos abandonará.

178

Mudando-se para um novo lugar

Esqueçam o que se foi; não vivam no passado. Vejam, estou fazendo uma coisa nova! Ela já está surgindo! Vocês não o percebem? Até no deserto vou abrir um caminho e riachos no ermo. [...] Não tenha medo.

(Isaías 43:18-19; 44:2)

Louvar a Deus: Que é imutável.

Confessar: Qualquer temor de que mudanças não desejadas em minha vida signifiquem que o amor de Deus e a fidelidade a suas promessas tenham mudado.

Agradecer: Pelas boas coisas que Deus preparou para mim quando eu menos esperava.

Pedir a Deus: Pai imutável, peço que minha filha possa encontrar coragem em tuas palavras reconfortantes: "Esqueçam o que se foi; não vivam no passado. Vejam, estou fazendo uma coisa nova! Ela já está surgindo! Vocês não o percebem? Até no deserto vou abrir um caminho e riachos no ermo. [...] Não tenha medo." Senhor, tu sabes quão penosa é essa mudança para minha filha. Ela está ansiosa e insegura sobre todas as modificações que está atravessando. Lembra-lhe que tu és a única verdade constante em sua vida. Ajuda-a a confiar que estarás com ela a cada momento e que a ajudarás a se adaptar. Que ela possa aceitar teu plano soberano para que seu coração e sua mente fiquem em paz em meio à mudança. Dirige-a para um relacionamento mais profundo contigo, que expulsará todo o medo. Preenche-a com entusiasmo quando ela antecipar as coisas maravilhosas que planejaste para seu futuro. Em nome de Jesus, amém.

Lembrar: Deus é imutável; é a única constante que temos na vida.

179

Livrar-se do fardo da preocupação

Lancem sobre ele toda a sua ansiedade, porque ele tem cuidado de vocês.

(1Pedro 5:7)

Louvar a Deus: Por cuidar de nós.

Confessar: As ocasiões em que me aferrei a minhas preocupações e tentei resolvê-las por conta própria em lugar de confiá-las ao cuidado vigilante de Deus.

Agradecer: Porque o amor de Deus por mim é tão grande que ele cuida de todas as minhas preocupações — meu bem-estar, minha família, nosso futuro.

Pedir a Deus: Pai celestial cuidadoso, oro para que minha filha transmita todas as suas preocupações — ansiedades, inquietações e interesses — de uma vez por todas a ti. Que ela saiba que cuidas dela afetuosamente e velas por ela com cuidado. Ó Senhor, peço-te que a confiança dela em ti cresça a cada fardo que coloca sob teus cuidados. Que com a fé em uma simples oração ela te entregue aquilo que oprime seu coração e tortura sua mente. Desenvolve nela a confiança de que quando te transmitir suas ansiedades, tu as tratarás perfeitamente. Ajuda-me a ser um exemplo confiável e fiel para ela, transmitindo a ti minhas próprias preocupações, pois também cuidarás de mim. Que minha filha possa sentir paz em seu coração quando entregar a ti cada um de seus fardos. Em nome de Jesus, amém.

Lembrar: Deus cuida de nós com uma afeição profunda e vigilante.

180

Para a perseverança

Vocês precisam perseverar, de modo que, quando tiverem feito a vontade de Deus, recebam o que ele prometeu.

(Hebreus 10:36)

Louvar a Deus: Que nos sustenta.

Confessar: As ocasiões em que deixo de buscar a ajuda sustentadora de Deus quando preciso persistir.

Agradecer: Por Deus ficar a postos, pronto para nos sustentar em todas as circunstâncias.

Pedir a Deus: Ó Deus, que me sustenta, oro para que apoies e encorajes meu filho a perseverar para que quando ele tiver feito tua vontade receba o que prometeste. Que tua graça sustentadora o ajude a ser firme na busca de tua vontade durante os tempos difíceis. Oro para que ele não tente se desviar dos desafios e busque tua vontade e tua força para persistir por meio deles. Que ele saiba que, se não desistir, o melhor estará por vir — resposta às orações, solução para um problema, libertação de uma situação. Oro para que ele deseje que tua vontade seja feita, confiando em ti para o desenlace. Para tua glória, em nome de Jesus, amém.

Lembrar: Deus nos sustenta e sempre nos liberta, como promete.

181

Armados contra as ciladas do Diabo

Finalmente, fortaleçam-se no Senhor e no seu forte poder. Vistam toda a armadura de Deus, para poderem ficar firmes contra as ciladas do Diabo.

(Efésios 6:10-11)

Louvar a Deus: Que é poderoso.

Confessar: Meu hábito de contar com minha própria força e não com a força de Deus.

Agradecer: Por Deus querer que eu e meu filho tenhamos tudo de que precisamos para nos manter firmes contra as ciladas do Inimigo.

Pedir a Deus: Deus todo-poderoso, peço que meu filho seja firme no Senhor e em seu enorme poder. Que coloque a armadura de Deus para assumir sua posição contra as ciladas do Diabo. Oro para que ele conheça a importância da armadura espiritual que tu proporcionas: o capacete da salvação, a couraça da justiça, o cinto da verdade, o escudo da fé, os pés calçados com a prontidão do evangelho da paz e a espada do Espírito. Que se arme diariamente para proteger-se contra as mentiras ardilosas, elaboradas, perversas, intrigantes, astuciosas, ilusórias e destrutivas de Satanás. Reveste com a verdade de tua Palavra o coração e a mente de meu filho, pela glória de teu nome. Faz dele um poderoso guerreiro no reino da luz. Em nome de Jesus, amém.

Lembrar: Deus é poderoso, mais forte que qualquer inimigo que enfrentemos.

182

Mantendo-nos firmes na vontade de Deus

[...] como pessoas maduras e plenamente convictas, continuem firmes em toda a vontade de Deus.

(Colossenses 4:12)

Louvar a Deus: Que é nossa rocha.

Confessar: As ocasiões em que construí minha própria base, ignorando as bases seguras de Deus, minha rocha.

Agradecer: Porque posso confiar que Deus é uma base estável para minha vida.

Pedir a Deus: Ó Deus, minha rocha, peço que minha filha se mantenha firme em tua vontade, madura e plenamente convicta. Senhor, o mundo oferece muitos substitutos atraentes que prometem uma boa vida, mas todos eles se esfarelam e se transformam em pó. Por isso, oro para que minha filha se mantenha firme sobre as bases de teu Filho, Cristo, a rocha sólida. Dá-lhe plena segurança de sua salvação e consciência de que Jesus é sua esperança de céu. Por favor, ajuda-a a caminhar todos os dias de forma a identificar sua vida com teus ensinamentos. Que ela possa ampliar seus conhecimentos sobre ti, tendo profundo amor por tua Palavra, fé crescente e grande amor pelos outros. Que possa crescer para a maturidade espiritual, confiando a ti cada detalhe de sua vida. Qualquer coisa que o mundo lhe ofereça, que ela possa confiar totalmente que se manterá firme na base de sua fé, procurando obedecer toda a vontade de Deus. Em nome de Jesus, amém.

Lembrar: Deus é nossa rocha, nossa base firme.

183

Escolhendo o caminho da justiça

Guia-me nas veredas da justiça por amor do seu nome.

(Salmos 23:3)

Louvar a Deus: Que é nosso guia.

Confessar: As ocasiões em que escolhi meus próprios caminhos egoístas em vez dos caminhos justos, que honram o nome de Deus.

Agradecer: Por podermos contar com a orientação de Deus para encontrar o caminho da vida que o honra.

Pedir a Deus: Deus que nos guias, peço que guies meu filho nos caminhos da justiça, por amor de teu nome. O mundo oferece muitos caminhos diferentes, e o Inimigo deseja guiá-lo em qualquer direção que o afaste de ti. Sei que haverá momentos em que meu filho desejará ser o próprio guia e escolher o próprio caminho. Mas, por favor, Senhor, por tua graça e grande amor, mantenha-o em teu caminho. Um caminho que é correto. Um caminho que traz alegria e esperança abundantes. Um caminho que te honra. Faz o que for preciso para impedi-lo de seguir por qualquer caminho que não seja o teu. E, meu Pai, peço-te que leves junto muitos outros por teu caminho de justiça. Em nome de Jesus, amém.

Lembrar: Deus nos guia por seu caminho conforme sua justiça.

Trinta e uma bênçãos da Escritura para nossos filhos

Deus é bom. Ele se deleita em despejar sobre seus filhos suas boas bênçãos e nos dá o privilégio e a honra de nos abençoarmos uns aos outros. Quando fazemos isso, estamos pedindo que a bondade de Deus e o cuidado divino ajam na vida de uma pessoa que atravessa uma situação ou um propósito específico. Encontramos muitas dessas bênçãos ao longo da Bíblia.

A primeira bênção da Bíblia veio de Deus quando ele abençoou Adão e Eva, dizendo: "Sejam férteis e multipliquem-se! Encham e subjuguem a terra!" (Gênesis 1:28)

Deus também abençoou Aarão e seus filhos, sacerdotes de Israel, para abençoar as vidas dos Israelitas:

> O Senhor te abençoe e te guarde;
> o Senhor faça resplandecer o seu rosto sobre ti
> e te conceda graça;
> o Senhor volte para ti o seu rosto
> e te dê a paz. (Números 6:24-26)

Uma das bênçãos mais queridas da Bíblia para meu coração é quando Jesus "tomou as crianças nos braços, impôs-lhes as mãos e as abençoou" (Marcos 10:16). Que bela imagem de Jesus ela nos dá!

Como mães que pertencem à família de Deus, temos o privilégio não só de orar por nossos filhos, mas também de abençoá-los.

Assim, nós nos tornamos transmissores do poder do favor de Deus, da sua bondade, e da sua vitória para eles. Essas bênçãos produzem efeito em nossos filhos não só hoje, mas por anos — e até gerações — que virão depois.

Por isso eu a encorajo a buscar a cada dia oportunidades para abençoar seus preciosos filhos. Talvez funcione bem para você dizer suas bênçãos em voz alta antes que eles saiam para a escola, ou na hora de dormir, ou antes das refeições. Sempre que possível, abençoe cada filho separadamente, acrescentando o nome dele na oração. É especialmente significativo estender sua mão sobre ele; tocá-lo carinhosamente na cabeça, braço ou ombro; ou abraçá-lo enquanto o faz.

Para ajudá-la a iniciar essa prática, escolhi trinta e uma passagens da Escritura — uma para cada dia do mês. Ao chegar ao final, você pode repeti-las ou acrescentar novas bênçãos.

Que enorme alegria é orar por nossos filhos e abençoá-los com a Palavra infinita e imutável de Deus. Ele promete que sua Palavra "não voltará para mim vazia, mas cumprirá o que desejo e atingirá o propósito para o qual a enviei" (Isaías 55:11).

Que você possa ver estas poderosas bênçãos cumpridas nas vidas de seus filhos:

> *Em nome de Jesus, eu o abençoo, ________, para amar "o Senhor seu Deus de todo o seu coração, de toda a sua alma, de todo o seu entendimento e de todas as suas forças". E para amar "o seu próximo como a si mesmo." (Marcos 12:30-31)*

> *Em nome de Jesus, que o Senhor o abençoe, ________, e "o guarde"; que "faça resplandecer o seu rosto sobre você e lhe conceda graça; que "volte para você o rosto e lhe dê paz." (Números 6:24-26)*

> *Em nome de Jesus, eu o abençoo, ________, para que "confie no Senhor de todo o seu coração e não se apoie em seu próprio entendimento; reconheça o Senhor em todos os seus caminhos, e ele endireitará as suas veredas." (Provérbios 3:5-6)*

Em nome de Jesus, eu o abençoo, __________, para que "o próprio Deus da paz os santifique inteiramente. Que todo o espírito, alma e corpo de vocês seja conservado irrepreensível até a vinda de nosso Senhor Jesus Cristo." (1Tessalonicenses 5:23)

Em nome de Jesus, eu o abençoo, ________, para que cuide de não ser levado "pelo erro dos que não têm princípios morais, nem perca a sua firmeza e caia. Cresça, porém, na graça e no conhecimento de nosso Senhor e Salvador Jesus Cristo. A ele seja a glória, agora e para sempre! Amém." (2Pedro 3:17-18)

Em nome de Jesus, eu o abençoo, __________, para que você não se "canse de fazer o bem, pois no tempo próprio colherá, se não desanimar." (Gálatas 6:9)

Em nome de Jesus, eu o abençoo, _________, para que, como fazem as "pessoas maduras e plenamente convictas, continuem firmes em toda a vontade de Deus." (Colossenses 4:12)

Em nome de Jesus, eu o abençoo, __________, para que você produza o fruto do Espírito em sua vida: "amor, alegria, paz, paciência, amabilidade, bondade, fidelidade, mansidão e domínio próprio." (Gálatas 5:22-23)

Em nome de Jesus, eu o abençoo, _________, para confiar no Senhor e "renovar as suas forças. Voar bem alto como as águias; correr e não ficar exausto, andar e não se cansar." (Isaías 40:31)

Em nome de Jesus, eu o abençoo, __________, para que "alegre-se sempre no Senhor. Novamente direi: alegre-se!" (Filipenses 4:4)

Em nome de Jesus, eu o abençoo, _________, para que você "não ande ansioso por coisa alguma, mas em tudo, pela oração e súplicas, e com ação de graças, apresente seus pedidos a Deus." (Filipenses 4:6)

Em nome de Jesus, eu o abençoo, _________, para que você guarde no seu coração a Palavra de Deus, para que não peque contra ele. (Salmos 119:11, adaptado)

Em nome de Jesus, eu o abençoo, _________, para que "tudo o que fizer, seja em palavra ou em ação, faça-o em nome do SENHOR *Jesus, dando por meio dele graças a Deus Pai." (Colossenses 3:17)*

Em nome de Jesus, eu o abençoo, _________, para que você "seja forte e corajoso! Não se apavore, nem se desanime, pois o SENHOR*, o seu Deus, estará com você por onde você andar." (Josué 1:9)*

Em nome de Jesus, eu o abençoo, _________, para que esteja sobre você a bondade do nosso Deus soberano; e ele consolide a obra das suas mãos! (Salmos 90:17, adaptado)

Em nome de Jesus, eu o abençoo, _________, pois "a seus anjos ele dará ordens a seu respeito, para que o protejam em todos os seus caminhos." (Salmos 91:11)

Em nome de Jesus, eu o abençoo, _________. Você "não temerá más notícias; seu coração estará firme, confiante no SENHOR*." (Salmos 112:7)*

Em nome de Jesus, eu o abençoo, _________. "O SENHOR *é o seu protetor; como sombra que o protege, ele está à sua direita. De dia o sol não o ferirá, nem a lua, de noite. O* SENHOR *o protegerá de todo o mal, protegerá a sua vida. O* SENHOR *protegerá a sua saída e a sua chegada, desde agora e para sempre." (Salmos 121:5-8)*

Em nome de Jesus, eu o abençoo, _________, para que você viva uma vida de amor. "O amor é paciente, o amor é bondoso. Não inveja, não se vangloria, não se orgulha. Não maltrata, não procura seus interesses, não se ira facilmente, não guarda rancor". (1Coríntios 13:4-5)

Em nome de Jesus, eu o abençoo, ________, para que você "seja [...] pronto para ouvir, tardio para falar e tardio para irar-se." (Tiago 1:19)

Em nome de Jesus, eu o abençoo, ________, com esta garantia de Jesus: "As minhas ovelhas ouvem a minha voz; eu as conheço, e elas me seguem. Eu lhes dou a vida eterna, e elas jamais perecerão; ninguém as poderá arrancar da minha mão." (João 10:27-28)

Em nome de Jesus, eu o abençoo, ________, para que você "deleite-se no SENHOR *e ele atenderá aos desejos do seu coração." (Salmos 37:4)*

Em nome de Jesus, eu o abençoo, __________. Que tudo na sua vida "— palavras, ações e tudo o mais — seja feito no nome do Senhor Jesus, com ação de graças a Deus, o Pai, a cada passo do caminho." (Colossenses 3:17, Bíblia A Mensagem)

Em nome de Jesus, eu o abençoo, ________, para que viva com o "coração íntegro [...] não se envolva com o mal, [fique] longe dos perversos de coração... [e que] não tolere os arrogantes e orgulhosos." (Salmos 101:2-5, adaptado)

Em nome de Jesus, eu o abençoo, ________, para que siga a ordem de Jesus: "Vão e façam discípulos de todas as nações, batizando-os em nome do Pai e do Filho e do Espírito Santo, ensinando-os a obedecer a tudo o que eu lhes ordenei. E eu estarei sempre com vocês, até o fim dos tempos." (Mateus 28:19-20)

Em nome de Jesus, eu o abençoo, ________, com a promessa de Jesus: "Se vocês permanecerem em mim, e as minhas palavras permanecerem em vocês, pedirão o que quiserem, e lhes será concedido." (João 15:7)

Em nome de Jesus, eu o abençoo, ________, porque você não o escolheu [a Cristo], "mas ele o escolheu para ir e dar fruto, fruto que permaneça [...] Porque [você é] criação de Deus realizada em Cristo Jesus para fazer boas obras, as quais Deus preparou de antemão para que nós as praticássemos." (João 15:16; Efésios 2:10)

Em nome de Jesus, eu o abençoo, ________, para que "Cristo habite em seu coração mediante a fé; e oro para que você [esteja] arraigado e alicerçado em amor". (Efésios 3:17)

Em nome de Jesus, eu o abençoo, ________, para que você "seja cheio do pleno conhecimento da vontade de Deus, com toda a sabedoria e entendimento espiritual... para que você viva de maneira digna do Senhor e em tudo possa agradá-lo, frutificando em toda boa obra, crescendo no conhecimento de Deus." (Colossenses 1:9-10)

Em nome de Jesus, eu o abençoo, ________, para que tenha "uma bela coroa em vez de cinzas, o óleo da alegria em vez de pranto, e um manto de louvor em vez de espírito deprimido, [que você seja como] carvalhos de justiça, plantio do SENHOR, para manifestação da sua glória." (Isaías 61:3)

Em nome de Jesus, eu o abençoo, ________, para que "vista toda a armadura de Deus, para que possa resistir no dia mau, e permanecer inabalável, depois de ter feito tudo. Que se mantenha firme, com o cinto da verdade, a couraça da justiça, pés ajustados no evangelho da paz, o escudo da fé, o capacete da salvação e a espada do Espírito." (Efésios 6:13-17, adaptado)

Agradecimentos

Agradeço a você, Ann Spangler, minha agente, a quem admiro. Sem você, este livro não existiria.

Cidy Lambert, você me abençoou com sua ideia de dar às mães um manual para ajudá-las a invocar a vontade de Deus para as necessidades de seus amados filhos.

Agradeço a todos da editora Zondervan pela permanente parceria comigo no ministério das Mães em Oração, e por me proporcionarem o melhor da sua equipe.

Sandra Vander Zicht, você me abençoou com sua liderança gentil e prestativa, e com suas recomendações criteriosas e criativas.

Londa Alderink, você me abençoou com seu encorajamento e seu entusiasmo por este projeto.

Sou profundamente grata a Amanda e Stephen Sorenson. Deus realmente me abençoou com os editores mais talentosos, gentis e inteligentes. Vocês são uma resposta às minhas orações. Amanda, que dádiva preciosa foi você ao editar estas orações. Sua intuição espiritual, sua enorme paciência, e seu encorajamento sempre carinhoso foram como um presente recebido por mim toda vez que eu recebia um e-mail seu, e em todas as horas que passamos ao telefone, pensando como o Senhor gostaria que eu orasse para o seu coração de acordo com cada necessidade. Nós concordávamos sempre — como foi poderoso!

Jennifer Lonas, sou tão grata por seu olhar afiado durante o trabalho final de edição deste livro. Foi uma alegria trabalhar com você.

Bob Hudson, sou tão grata por Deus ter escolhido você como editor sênior. Você teve tanto cuidado com todo o processo de publicação do livro, do começo até o fim, e me encorajou sempre que eu precisava.

Muito agradecida a vocês, do conselho das Mães em Oração, e líderes das equipes nos Estados Unidos e no mundo inteiro, ao meu grupo de Avós em Oração, aos amigos, e à minha família próxima e extensiva. Este livro é o resultado de suas orações de intercessão. Vocês nunca saberão quanto me motivaram com elas. Eu não poderia ter feito este livro sem cada uma de vocês. Toda a glória ao Senhor por sua bondade em trazer vocês até mim. Este realmente é o "nosso" livro.

E a todas as mãe e avós no mundo, que oram regularmente num grupo Mães em Oração, a minha estima por vê-las unidas na oração e no atendimento às necessidades de seus filhos, netos e escolas.

Índice das orações

Os tópicos aqui apresentados são divididos em sete categorias conforme as necessidades de desenvolvimento de uma criança. (1) Saúde emocional, (2) Desenvolvimento intelectual, (3) Saúde física, (4) Proteção, (5) Maturidade social, (6) Crescimento espiritual e (7) Conflito espiritual. É organizado dessa forma para as mães encontrarem com mais facilidade uma oração apropriada à necessidade do momento para seu filho. Cada tópico maior é desmembrado em vários tópicos menores. Muitas vezes uma oração poderá se encaixar em mais de uma categoria. Os números se referem aos números das orações (de 1 a 183), não das páginas.

Saúde emocional

Uma consciência limpa

Escolhendo prioridades com cuidado

Desenvolvimento intelectual

Saúde física

Proteção

Maturidade social

Dividindo Jesus com os outros ou sendo uma testemunha corajosa

O que agrada a Deus

Crescimento espiritual

Sendo fiel

Confiante em Cristo

Livre do medo

Dependendo do fiel cuidado de Deus

Entregando o futuro a Deus

Deus é nosso refúgio

Deus está conosco e nos ajudará

Como demonstramos o amor de Deus

Aprendendo a seguir os caminhos de Deus

Fazendo as escolhas certas

Conflito espiritual

Lidando com a tentação

Livre do mal

Para proteção

Preparados para a batalha

Este livro foi composto em Bembo 12/15.84 e
impresso pela Edigráfica sobre papel Offset 75g/m²
para a Thomas Nelson Brasil em 2015.